Zeit zu sterben
Zeit zu leben

Anita Natmeßnig

Zeit zu sterben
Zeit zu leben

Erfahrungen im Hospiz

Mit einem Vorwort
von Adolf Holl

:STYRIA

Inhalt

Astrid Leßmann · Anita Natmeßnig · Ingrid Marth

Vorwort

von Adolf Holl

Gute Nachrichten. Die Hospizbewegung, der Anita Natmeßnig vor vier Jahren einen sehenswerten Dokumentarfilm gewidmet hat, erfreut sich in Österreich eines zunehmend guten Rufs. Der Blick in die einschlägige Praxis, den die Autorin jetzt in Buchform vorlegt, stimmt zuversichtlich. Nicht nur die Palliativmedizin, von der unsere Großeltern noch nichts wussten, vermag immer besser selbst dann zu helfen, wenn keine Heilung mehr möglich ist. Auch die Begleitpersonen für Sterbenskranke sind kompetenter und damit hilfreicher als die Religionsdiener geworden, denen der Gang in die Ewigkeit früher anvertraut war.

So im Fall des Sterbens Philipps II. von Spanien, das Reinhold Schneider ausführlich beschrieben hat. 53 Tage lang konnte der König nicht einmal die leiseste Drehung mehr ausführen wegen der Gichtwunden, die am ganzen Körper aufbrachen. Die Wäsche durfte nicht mehr gewechselt, der quälende Durst konnte nicht gestillt werden. Rund um das Bett waren Kreuze und Reliquien aufgehängt, die täglich zum Kuss gereicht wurden. Die Lebensbeichte nahm drei Tage in Anspruch. Bei der letzten Ölung hatte der Thronfolger anwesend zu sein, um zu lernen, wie er sich in der Stunde des Absterbens zu benehmen hätte.

Als studierte Theologin kennt Anita Natmeßnig die Tröstungen der Religion zur Genüge. In ihrem Buch ist von ihnen beziehungsweise von der christlichen Höllenangst allenfalls am Rande die Rede. Zur Sprache kommen vielmehr weibliche Einstellungen zum Beruf der Sterbebegleitung mitsamt der Frage, wie sich der tägliche Umgang mit Sterbenskranken aufs Gemüt schlägt. Deutlich wird, dass nicht das dogmatische Pathos der längst durchdeklinierten „Letzten Dinge" kräftigend wirkt, sondern der Blick aufs Zunächstliegende, auf ein Himbeerjoghurt oder ein duftendes Bad. So umsorgt, kann im Hospiz etwas gelingen, was sonst allenfalls im Kino gezeigt wird: Ein Happy End.

Wien, im Juli 2010

Dank

Alles wirkliche Leben ist Begegnung.

Martin Buber

Danken ist für mich noch wichtiger als bitten, bringt es doch den Wunsch auf Erden – im Vertrauen darauf, dass er erfüllt werde. Danken im Nachhinein gibt Boden für das, was ist, schafft Realität, indem ich es benenne. Ich danke gerne und fühle mich verbunden dadurch. Danken erzeugt Verbindungen mit anderen, ohne die ich nicht ich wäre.

Ohne Astrid Leßmann wäre dieses Buch nie entstanden. Mein jahrelang gehegter Wunsch, ein Hospizbuch zu schreiben, fand seine Konkretion in unserer Freundschaft. Ohne ihr Vertrauen und ihre Bereitschaft, sich einzulassen auf das Wagnis – stundenlang über Monate hinweg mit mir zu telefonieren –, wäre dieses Projekt nicht möglich gewesen. Ich bin ihr dankbar für unsere Begegnungen und die wunderbare Zusammenarbeit.

Ingrid Marth war das ideale zweite Gegenüber dieses Buchs. Die zahlreichen Gespräche in Wiener Cafés und bei mir zu Hause verbanden sie und Astrid und mich zu einem Teil des Ganzen. Ihr wesentlicher Beitrag zum vorliegenden Text: Erweiterung, Vertiefung und Reflexion des Themas. Die Folge für mich persönlich: eine neue Freundschaft. Ich danke für beides.

Adolf Holl könnte ich als Spiritus rector dieses Buchs bezeichnen. Seine SMS um 5 Uhr 30 *Schreib endlich!* und wenige Tage später *nulla dies sine linea,* kein Tag ohne eine Zeile, kamen gerade rechtzeitig. Rüttelten mich wach. Sein kritischer Blick auf Inhaltsverzeichnis und Konzeption, lange vor Schreibbeginn, war anhaltend Stütze und Bestärkung. Ebenso seine Rückmeldung zu späteren Kapiteln. Sein Vorwort freut und ehrt mich zugleich. Ich bin dankbar für diese Freundschaft und genieße es, in ihm ein unkonventionelles Vorbild gefunden zu haben, dessen Credo *Wünsche können nicht irren* mich stets zu Neuem beflügelt.

Helga Zoglmann hat mich auch durch diesen Schreibprozess getragen. Wie bei meinem ersten Buch über Adolf Holl bildeten ihr Interesse und ihre Wertschätzung das beste Heilmittel gegen meine Selbstzweifel. Trotz Krankheit erwies sie sich stets als ideale Lektorin: kritisch, flexibel und zugewandt. Ich danke ihr, dass sie mich konstant ermutigt hat.

Als Filmemacherin und Psychotherapeutin weiß ich mich glücklich zu nennen, dass die Styria, einer der größten Verlage Österreichs, mir ein Buchprojekt angeboten hat. Gerda Schaffelhofer, die Geschäftsführerin, und Marion Mauthe, geschätzt aus früherer Zusammenarbeit, haben mir ihr Vertrauen geschenkt und mich frei arbeiten lassen. Dafür bin ich sehr dankbar.

Wie bei jedem größeren Filmprojekt habe ich „meine graue Eminenz" aufgesucht: Erich Dworak, den Dramaturgie-Profi. Seine Einschätzung und Tipps ganz zu Beginn des Projekts blieben wegweisend bis zum Schluss. Ihm verdanke ich meine Lust an der Dramaturgie und die Freude am Konzipieren.

Dieses Buch hatte großartige WeggefährtInnen. Parallel zu meinem Schreiben lasen einige liebe FreundInnen die eben entstandenden Kapitel und haben mich hilfreich unterstützt und angeregt durch Kritik und Feedback. Ihnen sei hier ganz herzlich für ihre Freundschaft gedankt: Thomas Aichelburg-Rumerskirch, Gerhard Bauderer, Sabina Dirnberger, Georg Lhotsky und Eva-Maria Stelljes-Lhotsky, Margit Scholze, Elise Steiner.

Mein Dank gilt allen, von denen ich lernen konnte, ohne deren Weisheit, Liebe und Spiritualität ich nicht die wäre, die ich jetzt bin. *Ein großes Kunstwerk ist wie eine Schanze*, hatte einst Abbé René Bolle-Reddat, der Wallfahrtspriester von Ronchamp, über den genialen Kirchenbau von Le Corbusier gemeint. Insofern gilt mein Dank jenen, durch die ich einen Schritt weiter auf meinem Weg der Bewusstwerdung gekommen bin.

Mein besonderer Dank gehört dem CS Hospiz Rennweg und dem Tageshospiz, Hospiz-Bewegung Salzburg, die unheilbar kranken Menschen tagtäglich ein Leben in Würde bis zuletzt ermöglichen. Ebenso danke ich allen Menschen, die mir Einblick in ihre letzte Lebensphase gewährten und allen, deren Lebensgeschichten ich hier erwähnen durfte und konnte. Namen und biografische Details wurden aus Personenschutzgründen verändert. Die zentrale „Message" jedoch stets gewahrt.

Als Filmemacherin habe ich jahrelang dem Bild eine größere Bedeutung beigemessen als dem Wort. Umso mehr weiß ich jetzt die Wichtigkeit von Fotos zu schätzen. Ich danke allen FotografInnen für Ihr Tun und dass sie die Copyrights für die Bilder von Astrid Leßmann, Ingrid Marth und mir kostenlos zur Verfügung gestellt haben.

Last but not least sei der Filmemacher erwähnt, dem ich den Einfall für die Namen der Hauptkapitel verdanke: der Südkoreaner Wim Ki-duk, dessen Kinofilm „Frühling, Sommer, Herbst, Winter ... und Frühling" aus dem Jahr 2003 mich sehr berührt und inspiriert hat, auch dieses Buch – ähnlich seinem Werk – als spirituellen Kreislauf des Lebens zu konzipieren.

FRÜHLING

Anita Natmeßnig

Gelb

Gelb – so intensiv, dass es unwirklich erscheint. Wie am Monitor, nach der Farbkorrektur eines Films. Surreal kräftig auch die Kirschblüten in Rosa und Weiß, leuchtend unter der Sonne. Frühling ist im Land. *Vom Eise befreit sind Strom und Bäche durch des Frühlings holden, belebenden Blick*, memoriere ich laut während der Autofahrt. Erst gestern Abend habe ich nachgelesen, wie die Faustschen Verse weiter lauten:

Im Tale grünet Hoffnungsglück;
Der alte Winter, in seiner Schwäche,
Zog sich in rauhe Berge zurück.
Von dorther sendet er, fliehend, nur
Ohnmächtige Schauer körnigen Eises
In Streifen über die grünende Flur;
Aber die Sonne duldet kein Weißes ...

Ich könnte schreien, lachen, weinen vor Glück. Leben. So intensiv wie möglich. Für mich heißt das auch: Sehen. Aufsaugen und speichern. Mit allen Sinnen. Das große Ja zum Leben.

Wieso beschäftigt sich jemand mit so einem strahlenden Gesicht wie Sie mit dem Sterben, fragt mich meine Frühlingsbekanntschaft beim ersten Telefonat. Vielleicht genau deshalb, antworte ich lächelnd. Um hinzuzufügen: Vielleicht strahle ich genau deshalb, weil ich mich mit dem Thema Sterben beschäftigt habe und immer noch beschäftige. Paradoxie des Themas: Sterben heißt Leben. 18 Monate habe ich ausschließlich an meinem Kinodokumentarfilm „Zeit zu gehen" gearbeitet, seit vielen Jahren widme ich mich den Themen Trauer, Sterben und Tod. Die Quintessenz? „Zeit zu leben – jetzt". Motto auch für meine Tätigkeit als Psychotherapeutin, nicht nur auf dem Folder und der Website.

Im Zentrum des Films stehen sechs unheilbar krebskranke Menschen, die vom CS Hospiz Rennweg in Wien betreut wurden. Ich durfte sie mit meinem Team, einem Kameramann und einem Tonmeister, begleiten – in ihrer allerletzten Lebensphase. Mein Anliegen: Ich wollte Sterbende sichtbar und hörbar machen, von den so genannten „Betroffenen", also von denen, die uns vorausgehen, erfahren, was für sie Sterben bedeutet, worum es ihnen in den letzten Wochen, Tagen und Stunden geht. Dabei wurde deutlich: Im Angesicht des Todes geht es um das Leben.

Was heißt das? Den warmen Sommertag auf der Terrasse genießen und die Flugzeuge beobachten. Das liebte Josefine Steindl, eine 85-Jährige, die zu schwach war, um sich allein im Bett umzudrehen. Aber ihre Augen waren groß und wach, ihr Geist auch, bis zum letzten Atemzug. Leben, das bedeutet im Hospiz die vielen so genannten Kleinigkeiten, die den Alltag erfreulich gestalten. Das gewünschte Himbeerjoghurt erhalten und nicht das angebotene mit Erdbeergeschmack, ein entspannendes Bad mit ätherischen Ölen, das Schmerz und Angst lindert, ebenso wie der Besuch der Verwandten, die auch wieder rechtzeitig gehen. Nicht nur wirksame medizinische Schmerztherapie und Symptomlinderung, sondern umfassende pflegerische und psychosoziale Betreuung. Respekt und Achtsamkeit in der Begegnung, die den geschwächten unheilbar kranken und sterbenden Menschen ihre Würde belässt.

„Zeit zu gehen" wurde im Oktober 2006 bei der Viennale, dem Wiener Filmfestival, uraufgeführt, um kurz darauf landesweit in den Kinos zu laufen. Rund 28.000 Menschen haben den Film auf der Leinwand gesehen und 285.000 im Fernsehen. Eine beeindruckende Zahl für heimische Verhältnisse, die österreichische Spielfilme selten erreichen. Bei den zahlreichen Publikumsgesprächen nach den Filmvorführungen wurde ich oft gefragt, wie denn das Hospiz-Team „das schaffe".

Eine spannende Frage! Wie „schaffen" es diese Frauen und wenigen Männer, hauptberuflich mit sterbenden Menschen zu arbeiten, sie zu begleiten und ihnen ein Leben in Würde bis zuletzt zu ermöglichen? Wie gelingt es diesen diplomierten Krankenschwestern und -pflegern, Ärztinnen und Ärzten, SozialarbeiterInnen und SeelsorgerInnen, mit den häufigen Abschieden zurecht zu kommen?

Auf der Palliativstation des CS Hospiz Rennweg mit ihren 12 Betten sterben zum Beispiel jährlich 200 Menschen. Die durchschnittliche Aufenthaltsdauer: 15 Tage. Eine wichtige Frage, wie das zu ertragen ist – ohne ins Burnout zu geraten. Wie gelingt es dem multiprofessionellen Team, diese emotionale Schwerstarbeit jahrelang zu tun? Und sie gerne zu tun, möchte ich hinzufügen. Mit einem Lächeln nicht nur auf den Lippen, sondern auch im Herzen.

Darum geht es mir in diesem Buch. Aber nicht nur. Mich beschäftigt das Grundsätzliche, seit ich selbst im Hospiz als Praktikantin gearbeitet habe: die *Ars Moriendi,* die ohne *Ars Vivendi* nicht zu denken ist. *Die Kunst zu sterben und zu leben*. Welchen Unterschied macht es, wenn ich das Thema Sterben / Tod frühzeitig in mein Leben hole? Also nicht erst, wenn ich krank und / oder alt bin, sondern jetzt, als gesunde Frau Mitte Vierzig? Wenn ich mir meine eigene Endlichkeit immer wieder bewusst mache und mich Abschieden bereitwillig stelle? Dem Abschied von Menschen, aber auch von Jugend, Liebesbeziehungen, beruflichen Tätigkeiten, Wohnorten und Dingen. Was bedeutet es, bewusst zu leben? Was heißt Leben? Das ist die wirkliche Frage, um die es dabei geht. Die Kunst zu leben. Nicht nur zu existieren, sondern ein *Leben in Fülle* im Hier und Jetzt.

Gelb, so intensiv, dass es fast blendet. Qualität der Sonne. Gelb ist für mich die Farbe, die wie keine andere mein Ja zum Leben formuliert. Verheißung und Zusage, dass hinter den Wolken stets die Sonne scheint, dass auch in der dunkelsten Nacht der Tag bereits wartet. Es hängt von mir ab, wohin ich schaue.

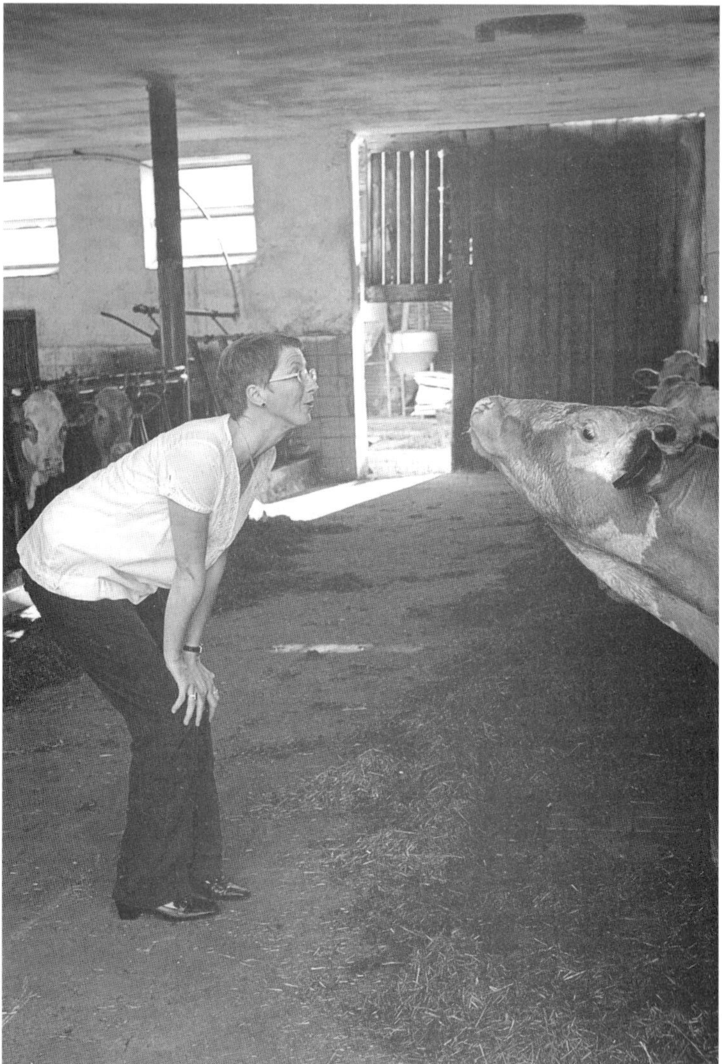

Astrid Leßmann

Astrid

5. April 2009. Palmsonntag. Meine Schwester ist Ski fahren und ich sitze in ihrem Garten. Im Bikini wohlgemerkt, bei frühsommerlichen Temperaturen. Vor mir mein kleiner Computer, ein weißes I-Book. Ideale Bedingungen zum Schreiben. Ich erinnere mich an die erste Begegnung mit Astrid Leßmann. August 2005. Ich war auf Recherche im CS Hospiz Rennweg vor Beginn der Dreharbeiten für meinen Kinofilm „Zeit zu gehen“. Astrid fiel mir sofort auf. Schlank, aufrecht, kurzes blondes Haar und ein offener Blick. Unser Gespräch wurde rasch sehr persönlich. Ich erkannte sogleich: Sie ist eine ideale Protagonistin für den Film. Attraktiv, eloquent, selbstsicher, reflektiert und sensibel. Eine erfahrene, herausragende Palliativkrankenschwester. Die folgenden drei Monate Dreharbeiten bestätigten meinen ersten Eindruck. Aus der Zusammenarbeit entwickelte sich Freundschaft, eine Freundschaft, für die ich sehr dankbar bin.

Unlängst unterbreitete ich Astrid meine Idee für dieses Buch und bat sie um ihr Mitwirken. Sie freute sich und versprach mir jede Form der Unterstützung. Zugleich formulierte sie Wünsche und Ideen. **Ich hätte gerne, dass es ein Buch wird, das berührt - aus dem Herzen. Dass es Botschaften enthält, die ganz einfach sind und voll aus dem Leben. Ich mag nur aus dem Herzen sprechen. Und ich bin neugierig, was ich alles**

entdecken werde. Ich denke, dass ich mich selbst besser erkennen werde durch deine Fragen. Ich habe gerne viele Fragen. Es ist oft wichtiger, zu einer Frage zu kommen als zu einer Antwort. In Kürze werden wir die Probe aufs Exempel machen. Denn wir haben für heute unseren ersten Buch-Telefon-Termin vereinbart. Astrid lebt nämlich nicht mehr in Wien, sondern in Freilassing, einem kleinen bayerischen Ort an der Grenze zu Österreich, und arbeitet in der Hospiz-Bewegung Salzburg. Im Tageshospiz Kleingmainerhof, das Menschen mit einer fortschreitenden schweren Erkrankung und einer dadurch begrenzten Lebenserwartung tagsüber Aufnahme bietet. **Ich putze gerade Fenster**, erzählt sie, als ich anrufe. **Weißt du, für mich ist es das Schönste, wenn ich das Glas liebe, das ich eben putze.** Mittlerweile kenne ich Astrid schon so gut, dass mich diese Aussage nicht mehr erstaunt. Angewandter Zen-Buddhismus. Wenn ich esse, dann esse ich, wenn ich putze, dann putze ich. Höchste Präsenz bei allem, was ich gerade tue. Ohne Gedanken an etwas anderes. Astrid nennt es eben Liebe. Mit dieser Qualität der Hingabe begegnet sie auch den Menschen, die sie begleitet.

Ihr Lebenslauf liegt vor mir. Beeindruckend lang. Geboren 1965 in Deutschland. Seit 1987 an vielen verschiedenen Kliniken und Fachdisziplinen in Deutschland und Österreich. Was davon war für deine jetzige Arbeit wichtig, frage ich zuerst. **Alles. Weißt du warum? Weil du am Ende alles brauchst: Onkologie, Chirurgie, Psychiatrie, Allgemeinmedizin. Es ist auch gut, dass ich so viel Erfahrung mit Komplementärmedizin habe,**

weil die meisten im Palliativbereich damit arbeiten, von klassischer Homöopathie über Bachblüten und Aromatherapie bis hin zu Shiatsu und Klangschalentherapie. Astrid war neun Jahre lang an der anthroposophischen Friedrich Husemann Klinik in Freiburg im Breisgau tätig, entnehme ich ihrem Lebenslauf. Fachdisziplin: Psychiatrie und Neurologie. Eine prägende Zeit. Im Hospizbereich arbeitet sie als diplomierte Gesundheits- und Krankenschwester mit der Zusatzausbildung Palliative Care seit 2004. Seit 2007 ist sie zusätzlich freiberuflich tätig, als Referentin und systemisch-konstruktivistischer Coach. Sprich, sie leitet regelmäßig Seminare und berät auch Einzelne. Wie kamst du auf die Idee, in einem Hospiz arbeiten zu wollen? Sie lacht. **Ich habe auf der Verhaltensneuro in Wien, Baumgartner Höhe, im Otto Wagner Spital gearbeitet und war dort nicht glücklich und passte auch nicht hin. Nach gut zwei Jahren habe ich gesagt: „Ich kündige." Die Pflegedienstleiterin fragte mich: „Ja, Frau Leßmann, was wollen Sie denn machen?" „Das weiß ich auch nicht", habe ich geantwortet. „Eine Ärztin hatte gemeint: ‚Du würdest gut in die Hospizarbeit passen', weil das, was ich möchte und wichtig finde, da Platz hat." – Das war vielleicht 14 Tage früher.** Diese Ärztin hat dir der Himmel geschickt, werfe ich ein. **Ja, und noch mehr. Am Morgen des Gesprächs mit der Pflegedienstleiterin hingen neue Plakate von der Caritas in der Stadt, nicht von der Caritas Socialis, der CS, sondern wirklich von der Caritas. Mit einer Nelke, die am Verwelken**

ist. Was drauf stand, weiß ich nicht mehr. Und stell dir vor, die Pflegedienstleiterin meinte: „Eine gute Idee. Ich hatte gestern eine Besprechung mit dem CS Hospiz Rennweg. Sie wollen ein mobiles Hospiz gründen.“ Einige Wochen später habe ich dort begonnen.

Das war im Mai 2004. Wer kann da noch an Zufall glauben? Astrid und ich verstehen beide Zufall in dem Sinn, dass uns etwas „zu-fällt“. In religiöser Sprache: Fügung. Astrid war eine der ersten im Mobilen Palliativteam Rennweg, wie es heute heißt, und blieb dort gut zwei Jahre. Dann folgte der Liebe wegen ein Umzug nach Salzburg. Aufgewachsen ist sie in Bad Driburg, einer kleinen Kurstadt in Nordrhein-Westfalen. Auf die Idee, Krankenschwester zu werden, kam sie schon mit elf Jahren. **Ich hatte zwei Favoriten: Künstlerin und Krankenschwester. Ich bin musisch begabt und habe sehr früh schon abstrakt gemalt.** Das ist mir neu. Ich habe zwar bei den Dreharbeiten gemerkt, dass sie für meine Arbeit als Filmemacherin erstaunlich viel Verständnis aufbringt, in einer großen Tiefe, und ich weiß, dass einige KünstlerInnen zu ihrem engsten Freundeskreis zählen. Aber dass sie selbst gemalt hat! Warum hast du aufgehört? **Die berühmte Frage**! **Ich sage dir wann: 1997 habe ich das allerletzte Bild gemacht. Ich selbst besitze gar nichts mehr. Aber wenn du mit mir nach Deutschland fährst, gibt es ganz viele Menschen, bei denen meine Bilder hängen. Ich habe alles weggegeben, als ich 1997 nach Österreich gezogen bin. Früher habe ich immer eine ganze**

Sammlung mitgehabt, bei jedem Umzug, und ich bin schon 16-mal umgezogen. Typisch Astrid! Sich von Dingen, Jobs, Wohnorten und Lebensphasen zu trennen. Mit einer gewissen Radikalität, die auch mir eigen ist. Wir haben oft schon über die befreiende Wirkung gesprochen, etwas loslassen zu können. Damit meine ich nicht nur „ausmisten". Nein, sich von Dingen, Anschauungen, Verhaltensmustern et cetera zu trennen, ist ein gutes Übungsfeld für das letzte große Loslassen, das Sterben. Wer in ein Hospiz kommt, hat bereits Vieles verlassen müssen, hat zahlreiche Abschiede hinter sich und muss noch von Vielem Abschied nehmen. Wer in einem Hospiz arbeitet, kann – meines Erachtens so gut wie nirgendwo sonst – lernen, abschiedlich zu leben. Dennoch interessiert es mich, ob es Astrid je Leid tat, dass sie zu malen aufgehört hat. **Nein. Es ging nicht mehr weiter. Zuerst habe ich das Material gewechselt, aber es kam keine neue Entwicklung hinein. Ich habe früher Nächte lang gemalt, nach dem Dienst, ganze Serien. Mich hat immer die Metamorphose, die Entwicklung von etwas interessiert. Das mache ich jetzt beim Fotografieren. Ich stelle mich fast täglich auf den Balkon und fotografiere immer von derselben Position aus.** Vor meinem inneren Auge taucht ihr Balkon auf. Wenn ich bei ihr zu Besuch war, saßen wir regelmäßig dort. Stundenlang. Am Abend zuweilen mit einer wärmenden Decke, um möglichst lange den Sonnenuntergang, das sich verändernde Licht, den Ausblick zu genießen. Was für Motive interessieren dich? **Weißt du, der Himmel, die Wolken, der Nebel, der Schnee, der Mais... Es gibt mir Ruhe, weil es sich verändert. Ich**

glaube, dass Menschen zur Ruhe kommen, wenn sie bemerken: Es ist alles in Bewegung. Wir suchen immer nach Veränderung. Diese Überlegung finde ich spannend. Sie steht im Gegensatz zur Überzeugung der meisten Menschen, die an der Beständigkeit festzuhalten versuchen oder in der Kontinuität Sicherheit wähnen. Aus meiner Sicht eine Illusion. Es gibt nichts, das ständig gleich bleibt. Nicht einmal meine Zellen. Alles ist in permanenter Bewegung, in Veränderung begriffen. Aber wir brauchen für die Aufrechterhaltung unserer Identität, unseres Selbstbilds, eine gewisse Form von Stabilität und Kontinuität. Sonst droht Überforderung. Astrid wechselt ganz unvermittelt das Thema: **Ich freue mich so auf dieses Buch und ich bin dir total dankbar, dass du es machst. Es ist eine Riesenehre für mich und erfüllt mich mit Stolz.** Etwas verlegen erwidere ich: Danke, dein Vertrauen berührt mich im Herzen. **Darum geht es ja,** meint Astrid im Brustton der Überzeugung. **Darum rankt sich ja alles! Wenn ich kein Vertrauen habe, dass alles einen Sinn hat, wären viele Situationen unerträglich. So wie Vaclav Havel gesagt hat: „Hoffung ist nicht die Überzeugung, dass etwas gut ausgeht, sondern die Gewissheit, dass etwas einen Sinn hat, egal wie es ausgeht." Da könnte auch stehen „Vertrauen" statt Hoffnung. Sich anvertrauen ist eine der schönsten Fähigkeiten, die wir haben auf der Welt.** Es gehört aber auch viel Mut dazu, werfe ich ein. **Ja, im Sich-Anvertrauen geschieht Heilung, nicht im Sinne von Gesundheit, sondern von heile, ganz werden.** Mir fallen zahlreiche Situationen im Hospiz ein. Eine hat mich besonders berührt, vielleicht weil Robert Linhart nur zehn Jahre älter war als ich. 54-jährig konnte er nicht mehr aufstehen und war darauf angewiesen, dass eine Krankenschwester ihm die Einlagen wechselt. Was genau meinst du mit Sich-Anvertrauen? **Sich öffnen, die Hilfe der anderen suchen und annehmen, andere zu sich kommen lassen, vielleicht. Ich glaube, dass wir uns dadurch erweitern, wenn wir uns anvertrauen. Ich bin dadurch mehr als vorher.** Im Hospiz habe ich die Erfahrung gemacht, dass ich nur dann in Kontakt mit den schwerst kranken und sterbenden Menschen kommen kann, wenn ich offen bin. Authentisch. Das ist der Part der Begleitenden. **Man muss sein Herz zeigen,** ergänzt Astrid, **seine Gefühle zeigen, das glaube ich. Ja, berührbar sein, es geht darum, einander zu berühren. Aber auch so, dass man wieder auseinandergehen kann.** Zum Abschluss unseres Telefonats erzählt sie mir enthusiastisch von ihrem heutigen Vormittag: Huflattich sammeln. Von der Kunst, so zu pflücken, dass das Wachsen der Pflanzen gefördert wird. Auch ein Ausdruck ihrer Liebe zum Leben.

Ingrid Marth

Ingrid

8. April 2009, 16.00 Uhr. Einen kleinen Schwarzen, bitte! Ich sitze in der Sonne vor dem Café Prückel, genieße die wärmenden Strahlen und warte auf Ingrid Marth. Kennengelernt haben wir uns zwar schon vor drei Jahren, als sie im Mobilen Palliativteam Rennweg der Caritas Socialis die Stelle von Astrid angetreten hat, aber heute ist unser erstes privates Treffen. Die Zusage, bei diesem Buch mitzuwirken, gab sie mir telefonisch, ohne eine Sekunde zu zögern. Mein Mobiltelefon summt leise. Eine SMS. **Liebe Anita! Bin erst jetzt von der Arbeit weggekommen und verspäte mich um ca. 10 Minuten. Tut mir leid! Bis gleich, Ingrid.** Ich freue mich auf die Begegnung. Die geplante Zusammenarbeit für dieses Buch bietet mir die Chance, sie näher kennenzulernen. Das Wenige, das ich über Ingrid bereits weiß, hat mich neugierig gemacht. Sie ist Buddhistin, viel gereist und eine schöne, selbstbewusste Frau. Mit federndem Schritt kommt sie auf mich zu. Groß, schlank, kurzes weißgraues Haar, ein markantes Gesicht mit ausdrucksstarken dunklen Augen. **Mir ist es wichtig, authentisch zu sein,** formuliert sie ihr Credo. **Ich muss mich ganz einlassen und bereit sein, mich aufzumachen und zu reflektieren. Es geht nur so für mich. Das, was ich bin, bin ich und ich muss niemand sonst sein. Das heißt, ich darf auch sagen, wenn es mir nicht gut geht, auch gegenüber den Patienten.** Ihr Diensthandy läutet. **Mobiles Hospiz, Schwester Ingrid... sekkieren tun's mich,** sagt sie scherzend zu mir ge-

wandt. Ingrid hat ihren Lebenslauf mitgebracht. Zu meiner Überraschung entdecke ich, dass sie vor kurzem 50 geworden ist. Sie schaut jünger aus. Was bedeutet dir dieser runde Geburtstag? **Ich gestehe mir mehr zu, auch nein zu sagen**, erklärt sie mit einem Lächeln. **Und zwar in allen Bereichen, beruflich wie privat. Seit einem halben Jahr wohne ich mit meinem Lebensgefährten zusammen. Insgesamt bin ich sehr sozial, habe unglaublich viele Kontakte, gehe oft essen mit Freunden, ins Kino, auf Vernissagen, zu Fortbildungen et cetera. Ich bin regelmäßig in verschiedenen Welten unterwegs. Astrid hat einmal gemeint, ich sei sozialsüchtig** – Ingrid lacht, **und dann brauche ich wieder das Gegenteil: den Rückzug, ein Retreat, das heißt zwei Wochen lang schweigen und meditieren, allein in einer Hütte am Waldrand oder in der Wüste am Sinai, als Ausgleich zum aktiven Leben.** Ich lese weiter in ihrem Lebenslauf: geboren 1959 in Fließ in Tirol, einem Bergdorf in der Nähe von Landeck. **Es ist sehr eng dort**, schildert sie, **hohe, steile Berge und tiefe Täler. Ich wollte schon früh aus der Enge hinaus. Mit neun oder zehn Jahren war ich im Krankenhaus. Ich hatte mir den Fuss gebrochen und habe gewusst: Ich werde Krankenschwester. Mit 15 Jahren ging ich nach England und meine Eltern ließen mich ziehen. Ich habe mir gedacht, bevor ich noch ein Jahr die Schule besuche, gehe ich lieber hinaus in die Welt.**

Diese Lust an der Ferne führte sie nach ihrer Ausbildung zur diplomierten Gesundheits- und Krankenschwester alle paar Jahre in andere Länder. Sei es, um dort zu arbeiten oder für Studienaufenthalte und Fortbildungen. Mindestens für drei Monate, manchmal auch für ein Jahr. Mich beeindrucken die Stationen:

Saudi Arabien, Frankreich, China, Tibet, Schweiz, Afrika, Asien, Kambodscha, Indien, Ägypten. Der berufliche Fächer spannt sich von Chirurgie und Intensivstation über Nachtdienstschwester in einem geriatrischen Krankenhaus bis hin zur Unterrichtstätigkeit. Die Aus- und Fortbildungen reichen von Ernährungslehre nach TCM über Puls- und Zungendiagnostik, Kinästhetik, Reiki, Therapeutic Touch, Tai Qi und Qi Gong bis hin zu spezifischen Palliativausbildungen. In Anbetracht dieser Fülle interessiert mich von Ingrid, welchen Stellenwert ihre gegenwärtige Tätigkeit im Hospiz einnehme. **Es ist die schönste Arbeit, die ich je habe machen dürfen,** erzählt sie mit leuchtenden Augen. **Und zwar einfach weil es für mich ein Geschenk ist, so tiefe Einblicke in das Leben von Menschen zu bekommen, wie sie vielleicht die engsten Angehörigen nie erhalten. Wir sind außenstehende Personen, aber trotzdem geschult oder trainiert, dass wir einen Raum aufmachen können, wo etwas stattfinden kann. Wo man etwas besprechen kann, das man mit den eigenen Angehörigen gar nicht bespricht, weil es zu nahe ist. Und so erfahre ich oft Dinge von Menschen, Lebensgeschichten, Gefühle, die ganz, ganz intim sind. Und das schätze ich schon als etwas Besonderes, wirklich als Geschenk, daran teilhaben oder nahe dran sein zu dürfen. Ich bin dann ganz da, gebe dem Raum und versuche, mir nicht irgendwelche Vorstellungen zu machen, sondern einfach offen zu sein für alles, was jetzt kommen mag. Ja, und dann kann es auch sein, dass wir gemeinsam weinen. Ich denke, das darf auch passieren. Ich habe nicht das Gefühl, dass ich mich nicht abgrenzen kann, sondern ich bin ganz präsent, ganz da, auch emotional.** Ja, das kann ich gut nachvollziehen, erwidere ich. Mich hat es sehr berührt, bei den Dreharbeiten einigen Menschen so nahe kommen zu dürfen. Der Grat zwischen Mitleid und Mitgefühl ist dann allerdings auch sehr dünn. Eine Herausforderung, sich emotional zu öffnen, ohne sich zu verlieren. Das große Thema „Psychohygiene", wie es in der Sprache der ExpertInnen heißt, sprich die Fähigkeit, gut für sich selbst zu sorgen. Ich kündige Ingrid an, dass ich gerne mit ihr ein andermal darüber ausführlich sprechen will. Für ein eigenes Kapitel im Buch zum Thema Selbstliebe beziehungsweise Selbstfürsorge und Psychohygiene. Jetzt interessiert mich, wie ihr privates Umfeld auf den Wechsel in den Hospizbereich reagiert habe. **Meine Mutter bewundert mich dafür. Bischof Reinhold Stecher hat ja die Hospizarbeit als die wertvollste Tätigkeit gewürdigt. Sie könnte das niemals tun, hat sie gemeint. Mir jedoch ist es wichtig, die Reaktionen der anderen zu hinterfragen und wahrzunehmen, wenn es mir schmeichelt.** Ich bitte sie um ein Beispiel. Denn neben der Bewunderung konstatiere ich nach wie vor eine starke Tabuisierung. Sterben und Tod als das vielleicht größte Tabu unserer Zeit. Welche Reaktionen erlebst du, wenn du von deinem Beruf erzählst? **Es gibt Menschen, die verstummen, wenn sie hören, dass ich mit Sterbenden arbeite. So als hätte ich ein bisschen etwas Ansteckendes. Ja, den Eindruck habe ich manches Mal. Aber ich denke schon, dass sich in den letzten Jahren einiges getan hat. Früher war das noch viel extremer.** Wenn du sagst „in den letzten Jahren", an welchen Zeitraum denkst du da? **An vielleicht fünf bis zehn Jahre. Das öffentliche Bewusstsein ist anders als früher. Sterben und Tod sind heute wirklich mehr Thema. Sicher auch durch Beiträge wie deinen Kinofilm, weil es dadurch ein Stück weit enttabuisiert wurde. Ich selbst rede die letzten drei Jahre vermehrt darüber. Es ist wichtig, dass es Menschen gibt, die das tun.**

Aber ich glaube, vieles hat auch mit diesem ganzen Wahnsinn zu tun in unserer Kultur im Moment, mit Schönheitswahn, Jugendwahn und so weiter, weil das Thema Alter, Sterben, Tod wird ja institutionalisiert und weg geschoben. Diese Menschen sind alle weit weg, in Altersheimen, Behinderteneinrichtungen, irgendwo zusammen geschlossen in einer Art „Ghetto", damit man sie nicht sieht. Und wenn man sie nicht sieht, sind sie auch nicht da, sind sie nicht im Bewusstsein. Und das hat sich in den letzten Jahren ein bisschen verbessert. Ein spannendes Beispiel kann ich dir dazu noch erzählen, wenn du magst. Ich nicke zustimmend. **Es war mein erstes Fotoshooting für die Werbung, interessanterweise in Tirol, in Kühtai. Und stell dir vor, wir haben den ganzen Nachmittag über das Thema Tod und Sterben gesprochen. Alle am Set waren unglaublich interessiert, wollten es ganz genau wissen und haben dann auch angefangen, von ihren eigenen Erfahrungen zu erzählen. Ich habe damals meine Meinung schnell geändert: Nicht nur Mode und oberflächlich!** Ich bin von neuem überrascht. Ingrid als Fotomodell? Toll! Vor zwei Jahrzehnten hatte ich die Idee, mit 50 Model zu werden. Im Vertrauen darauf, dass die Werbung dann adäquat der KäuferInnenschicht reagieren werde und nicht ausschließlich junge Menschen zeigt. In der Zwischenzeit ist das Realität. Und Ingrid ist mit von der Partie! Als Palliativschwester. Ich kann mir kaum einen größeren Kontrast der Lebenswelten vorstellen. Wie lässt sich das Modeln mit deiner Arbeit im Hospiz verbinden? **Für mich ist jedes Fotoshooting ein Stück Lebensfreude. Mir ist es ganz wichtig, andere gesunde Menschen zu treffen, und es ist ein guter Ausgleich zu meiner Arbeit im Hospiz.** Der Weg zum Modeln habe sich über eine Shiatsu-Therapeutin ergeben, erfahre ich. Diese hätte die Idee gehabt und ein Bekannter sei bei einer Agentur gewesen, die ihr sofort einen Exklusivvertrag angeboten habe. **Ich kann nicht als herkömmliches Model genommen werden, sondern nur als Typ,** erläutert sie. **In der Agentur haben sie mir die Maße genommen, Hüfte, Taille, Busen, und gelacht, weil ich nicht den Bauch eingezogen habe wie andere. Vor zehn Jahren hätte ich es auch gemacht,** schildert sie verschmitzt, **jetzt habe ich es nicht getan, weil ich mir dachte: Wofür brauchen sie meine Maße? Es ist die Basis für die Kleidung, die sie mir zur Verfügung stellen und ich will nicht, dass sie einen Frust bekommen. Vor zehn Jahren wäre es mir wichtiger gewesen, dass die Taille stimmt. Heute kann ich mich mehr annehmen, wie ich bin.** Auf das hinauf bestellen wir uns beide ein Stück Kuchen. Wir sind uns einig, dass wir nicht mehr 20 sein wollen, sondern das Leben jetzt genießen. Bei Mohr im Hemd und Apfelstrudel erzählt Ingrid mir noch eine Metapher, die sie unlängst gehört hat: **Nur wir Menschen möchten jemand anderer sein. Ein Löwe oder eine Maus überlegen sich nie: Ich wäre lieber ein Elefant.** Fotos von den diversen Shootings werde sie mir schicken und ebenso einen Artikel, der in der „Welt der Frau“ erschienen ist. Ingrid als Model des österreichischen Öko-Modelabels „Göttin des Glücks“ und zugleich als Repräsentantin der Philosophie dieser Linie. Für mich hat heute eine neue Freundschaft begonnen. Kostbar! Unser nächstes Treffen wird nach ihrem Urlaub, zwei Wochen Kreta, stattfinden. Zu dritt. Astrid, Ingrid und ich. Ein Highlight, so viel ist klar.

Astrid Leßmann · Ingrid Marth

Freundschaft

Sonntag, 24. Mai 2009. 11 Uhr 10, Café Sperl. Ich habe einen Tisch im Freien vor dem Altwiener Kaffeehaus reserviert und bin neugierig, wie unser erstes Treffen zu dritt verlaufen wird. Astrid ruft an: **Wir sind ganz nahe, im Anflug. Das wollte ich nur vermelden.** Sie ist dieses Wochenende in Wien bei Ingrid zu Besuch. Die beiden kennen sich seit ihrer gemeinsamen Arbeitszeit im CS Hospiz Rennweg. Ich höre ihr Lachen, bevor ich sie sehe: Astrids helle Stimme und Ingrid mit etwas tieferem Ton. Jede für sich eine Erscheinung. Zu zweit kaum zu übertreffen an Lebendigkeit. Wir kommen rasch in medias res, den Beginn ihrer Freundschaft. **Wir haben uns die Hände gereicht,** so Astrid. **Ich bin gekommen, damit sie gehen kann,** ergänzt Ingrid. **Ja, es ist traurig,** meint Astrid zu ihr gewandt. **Ich hätte so gerne mit dir länger zusammen gearbeitet.** Wie kam es zu eurer ersten Begegnung, will ich von beiden wissen. **Ich kann mich noch ganz genau erinnern,** erzählt Astrid, **wie ich Ingrids Bewerbungsunterlagen gelesen habe, zwei oder drei Seiten, und gemeint habe: „Das ist mir suspekt." Aber Ulrich, mein Kollege, hat erwidert: „Schau sie dir an."** Beide lachen herzlich und Astrid setzt fort: **Ulrich hatte das Gefühl, Ingrid würde gut passen. Er hat mich damals häufig losgeschickt, um mit Bewerberinnen auf Tuch-**

fühlung zu gehen. Also, auf Einsatz zu gehen, Gespräche mit ihnen zu führen. Ingrid wirft ein: **Ich habe einen Termin ausgemacht und zuerst Ulrich kennengelernt.** Astrid: **Ich war die zweite praktische Instanz.** Wie verlief das konkret, frage ich nach. Wie erfolgen solche Bewerbungsphasen? **Wir haben uns verabredet, vor der Wohnung einer Patientin, und Ingrid ist mit mir hineingegangen und hat geschaut, was ich da mache und wie ich es mache und ich habe geschaut, wie sie darauf reagiert.** Beide lachen. Mein Kommentar: Völlig unauffällig! Astrid hat gearbeitet und du, Ingrid? **Ich habe sie einfach begleitet. Ich wusste ja noch gar nicht, wie das abläuft und was sie da machen. Ich habe ein bisschen zugeschaut und aufgepasst, wie Astrid redet und was sie redet.** Also, im Prinzip so wie ich das auch machen durfte als Recherche für den Kinofilm. Ich bin damals bei ein paar mobilen Einsätzen mitgegangen, um den Alltag und die beruflichen Abläufe kennen zu lernen. Astrid stimmt zu und präzisiert die Bewerbungssituation: **Ich habe natürlich geschaut: Was will sie? Kann sie sich das vorstellen? Und ich kann mich an ein Gespräch erinnern, das mich sehr berührt hat. Ingrid, du hast gesagt, nach all dem, wo du überall warst, hast du festgestellt, Leid gibt es hier genauso.** Ingrid wirkt überrascht: **Stimmt, ja. Das weißt du noch! Ja, das weiß ich noch, das hat mich bewegt. Ich dachte mir, aha, interessant! Sie fährt durch die Weltgeschichte, hat viel erlebt und kommt zu dem Schluss: Leid gibt es überall. Du bist ja auch eine, die beruflich**

oft gewechselt hat, da haben wir Parallelen. Ganz anders geartet, aber doch immer dieses Bewegliche. Und du warst damals dabei, sesshaft zu werden. **Ja genau, ich war gerade dabei, meinen Platz zu finden in Wien.** **Das habe ich auch gespürt und ich habe dich als sehr ernsthaft erlebt. Nicht ahnend, dass ich damals selbst noch nicht bereit war, wirklich sesshaft zu werden. Ich bin ja jetzt erst damit beschäftigt.** Wir lachen schon wieder. Es ist charakteristisch für Astrid, über sich selbst zu scherzen. Humor, eine wundervolle Eigenschaft, die beiden in hohem Maße eigen ist. Ich genieße das Gespräch. Meine Rolle: zuzuhören und mich daran zu erfreuen. Ingrid schildert nun ihre Erinnerung: **Was mir besonders gut gefallen hat, das ist, wie du, Astrid, mit den Menschen ins Gespräch gekommen bist, wie du mit ihnen umgegangen bist. Das hat mich schon sehr beeindruckt. Ich dachte mir: Aha, schau an, eine interessante Frau!** **Also, du hattest gleich gewonnen.** Astrid zu mir gewandt: **Und ich wollte sie haben.** Ganz so rasch und einfach sei es jedoch nicht zur Anstellung gekommen, erfahre ich. Ingrid habe sich damals bei zwei weiteren Hospizstellen beworben und ein besser dotiertes Angebot erhalten. Astrids Reaktion: **Ich habe dich angerufen, du hast damals noch in Grinzing in der Privatklinik gearbeitet, und dich konkret gefragt, wie viel es mehr sein müsste, netto auf die Hand, oder?** Ingrid bejaht. **Dann habe ich die Verantwortliche für den Personalbereich im CS Hospiz Rennweg angerufen und gesagt: „Hören Sie mal, bei der Frau Marth kann es doch nicht an ein paar Hun-**

dertern liegen, dass wir sie nicht bekommen." Ingrid lacht hell auf. **„Ich meine, das ist Ihre Entscheidung, aber diese Frau müssen wir haben. Nach meinem Gefühl ist sie genau die richtige Person für unser Team."** Ingrid lächelt und schildert das weitere Prozedere: **Sie hat gleich angerufen und mir ein konkretes Angebot gemacht. Ich habe dann 100 drauf gelegt. „Na ja, dann einigen wir uns auf die Mitte", war ihr Vorschlag, und ich habe gesagt: „Okay, dann einigen wir uns auf die Mitte."** Mir fällt auf, mit welcher Selbstverständlichkeit Ingrid diese Honorarverhandlung geführt haben muss. Aus eigener beruflicher und therapeutischer Erfahrung weiß ich, wie sehr es eine Frage der Übung, aber auch des Selbstwertgefühls darstellt. Meiner Vermutung nach werden Frauen unter anderem deshalb oft schlechter bezahlt als Männer, weil sie weniger gut Geldforderungen stellen. Mir gefällt auch, wie aktiv Astrid für ihre Nachfolgerin tätig war. Nach dem Motto: Ich versuche alles mir Mögliche, dann liegt es nicht mehr in meiner Hand. Das Resultat: Ein paar Monate fruchtbarer Zusammenarbeit. Astrid kommt ins Schwärmen: **Für mich war das eine ganz schöne Zeit, dich am Anfang begleiten zu dürfen und zu erleben, wie du dann selbstständig losgezogen bist. Das fand ich irgendwie klasse. Für uns als Team war es interessant, welche Patienten Ingrid zuerst bekommen wird. Jeder hat so seinen Meisterschaftspatienten, bei dem du erstmals an deine Grenzen kommst. Dann spürst du die Individualität der Pflegeperson an dem Pendant, dem erkrankten Menschen oder Angehörigen. War das bei dir der Künst-**

ler? Ingrid nickt bejahend. **Ja, der Herr Weiß. Der war schon eine echte Herausforderung.** Astrid: **Da bist du das erste Mal an deine Grenzen gekommen.** Ingrid: **Und ich bin nicht davon gelaufen.**

Ich lasse mir ein paar Angaben zur Person geben: Wilhelm Weiß, 45 Jahre alt, Ikonenmaler, Gehirntumor, wahrscheinlich ausgehend von einem Lungenkarzinom, das er nie abklären habe lassen. Der Primärtumor unbekannt. **Am besten fand ich die Situation,** meint Astrid zu Ingrid gewandt, **wie du mit der Zahnärztin gemeinsam ihm im Bett den Zahn gezogen hast.** Ingrid fängt an zu erzählen: **Ja, der Patient war nicht mehr transportfähig und hatte starke Zahnschmerzen. Ein gespaltener Weisheitszahn. Seine polnische Zahnärztin hat gesagt: „Kein Problem, ich komme nach Hause." Und Herr Weiß liegt da, seine Lebensgefährtin fotografiert, ich halte die Lampe, irgend so eine Ikea-Lampe, die ein gebündeltes Licht von oben nach unten auf den Zahn wirft, die Assistentin stützt seinen Kopf und ich helfe der Zahnärztin. Das war eine Mühe, dieses Ding heraus zu bekommen! Ich glaube, wir haben fast eine Stunde gebraucht, um den Zahn zu ziehen. Es hat auch so arg geblutet, das wird ja sonst immer abgesaugt. Ich sehe noch seine Augen vor mir, er hatte Brillen auf und die Augen waren ganz groß und er meinte nur: „Macht weiter, es tut weh, aber macht nur weiter!" Und am Schluss sagte er: „So, jetzt brauche ich aber einen Schnaps" und die Zahnärztin: „Ich auch. Zwei." Seine Freundin hat dann die Flasche gebracht, es waren mehrere da, und wir haben alle einen Schnaps getrunken. Die Zahnärztin zwei.** Ingrid hat diese Szene so plastisch geschildert, dass wir alle drei lachen. Berührt sein und lachen können, das gehört für mich zusammen. **Ich kann mich noch erinnern,** so Astrid, **als du nach diesem Hausbesuch ins Büro zurückkamst und meintest: „Wie im Busch!"** **Ja, es war wirklich ein bisschen wie im Busch. Ich mag solche Situationen gerne. Das gefällt mir auch an der Betreuung zu Hause, das Improvisieren und auf Ideen kommen, wenn du etwas nicht zur Verfügung hast, das du im Spital immer parat hast. Da musst du dir etwas einfallen lassen, kreativ und erfinderisch sein. Es hilft, wenn du einmal in Ländern wie Indien, Bangladesh, Kambodscha und so weiter warst. In Kambodscha habe ich in einem Waisenhaus gearbeitet und das war schon sehr ärmlich und einfach. Da mussten wir auch immer improvisieren.**

Mir ist zum Feiern zumute. Was haltet ihr jetzt von einem Glas Sekt? **Nichts dagegen einzuwenden.** **Ja, gerne.** Wir würden noch gerne etwas bestellen. Drei Glas Sekt, bitte. **„Auf das Leben, die Liebe und die Kunst!" lautete einer der Lieblingsaussprüche von Herrn Weiß,** erzählt Ingrid. **Ja, er war schon eine große Herausforderung,** sinniert sie. **Er wollte zuerst einmal die Leute kennenlernen. Bei unserer ersten Begegnung sagte er: „Setzen Sie sich mal hin!" Und dann wollte er genau wissen, wer ich bin. Wie hat er dich, Astrid, immer genannt?** Astrid: **NRW. Nordrhein-Westfalen, hieß ich bei ihm. Ah, NRW kommt!** Ingrid erinnert sich: **Und das Schönste war, wenn Lucia ihn besucht hat. Er lag nackt im Bett, hat nie etwas angehabt, nur wenn Lucia gekommen ist, hat er sich ein Seidentuch über sein Geschlecht gelegt.** Ich sehe die Situation vor mir: Lucia, katholische Seelsorgerin, etwa 65, eine geistliche Schwester der Caritas Socialis, und der unkonventionelle Künstler. **Irgendwann musste sie ihm die Harnflasche reichen und das war, denke ich, schon eine besondere Herausforderung für sie.** Astrid verschmitzt: **Ich glaube, er hat es genossen.** Ingrid lachend: **Er hat es bestimmt absichtlich gemacht. Aber er hat geistliche Gespräche mit Lucia geführt. Und er hat uns viel über die Ikonenmalerei gelehrt.**

Mittlerweile ist der Sekt gekommen. Ich bedanke mich bei Astrid und Ingrid für ihr Vertrauen, ihre Zeit und die Bereitschaft, bei diesem Buch mitzuwirken, und wir erheben unser Glas auf das gemeinsame Projekt. **Ich freue mich so darüber,** erwidert Astrid. **Allein, dass wir jetzt zu dritt hier sitzen, ist total fein, das würden wir sonst wahrscheinlich nicht so schnell. Das haben wir auch anderen gesagt,** fährt Ingrid mit einem schelmischen Lächeln fort. **Wenn uns jemand fragt, warum wir an diesem Projekt mitarbeiten, dann sagen wir, weil wir uns sonst so selten sehen. So haben wir wenigstens die Gelegenheit dazu.** Astrid betont lachend: **Das ist doch das Wesentliche!** Wir stoßen auf die Freundschaft an. Ich bin glücklich, mit den beiden so ein angeregtes Gespräch führen zu können. Ihre Lebenslust und Heiterkeit wirken ansteckend. Ihr zwei könnt so schön genießen, sage ich mit erhobenem Glas. Da kann ich noch etwas von euch lernen! **Ich finde, das gehört zu uns beiden.** Astrid zu Ingrid gewandt: **Und ich genieße auch dich.** Ingrid: **Schön gesagt. Ja, ist doch so! Ich höre dich gern, ich sehe dich gern. Es ist immer sehr inspirierend, mit dir zusammen zu sein. Weißt du,** erklärt mir Astrid, **das Besondere ist, Ingrid und**

ich haben uns ja kaum gekannt, und sie ist mir so beigestanden nach meiner letzten Trennung. Ihr beide seid meine Wiener Sterne gewesen, jede auf eine ganz andere Weise. Du, Ingrid, hast für meine Seele eine Patenschaft übernommen und du, Anita, warst mir eine Hilfe für die Sortierung und beides hat mir viel Kraft gegeben. Das verbindet mich. Ich habe mich euch gezeigt in meinem Elend und Schwachsein. **Was ja auch ein großes Vertrauenszeichen ist,** erwidert Ingrid, **wenn du deine Schwäche zeigst und eingestehst.** Mich beschäftigt immer wieder die Beobachtung, in welch unterschiedlichen Geisteswelten Menschen leben. Jeder und jede in einem eigenen Kosmos. Bei Astrid und Ingrid habe ich den Eindruck, wir drei brauchen wenig zu übersetzen, um einander zu verstehen. Ich schildere ihnen diese Wahrnehmung an Hand eines Beispiels. Gestern war ich bei einem Paar eingeladen, das ein großes Fest anlässlich seines 40. und 50. Geburtstags plant. Ich habe sie gefragt: „Wer sind für euch gute Freunde und Freundinnen? Wen könnt ihr um 2.00 Uhr nachts anrufen, wenn es euch schlecht geht? Zu wem könnt ihr dann gehen?" Betroffenes Schweigen. **Das hat mit Beziehungsfähigkeit zu tun,** kommentiert Astrid. **Also, wie definiere ich Beziehung, was ist für mich Nähe, was ist für mich Vertrauen, was ist für mich Liebe schlussendlich.** **Ja, was ist für mich Freundschaft,** ergänzt Ingrid. **Genau! Wie viel von dir darf ich in Frage stellen, wie viel von mir lasse ich in Frage stellen. Das ist für mich ein erheblicher Teil von Freundschaft, mich von jemandem**

in Frage stellen zu lassen. Oder auch die Zusicherung zu bekommen: „Stell mich hier in Frage, schau mich an. Oder ich möchte dich sehen, auch da noch, wo es dir unangenehm ist. Weil sonst würde ich ja einen Teil deines Wesens ausschließen." Ingrid richtet sich auf und sagt mit leuchtenden Augen: **Ja, genau. Also, meine Erfahrung war sehr häufig, vor allem in Beziehungen, Teile meines Wesens ausschließen zu müssen. Sicher nicht unverschuldet von mir selbst, weil ich habe ja mitgemacht. Es war immer ein Aspekt von mir gefragt und der andere nicht. Und ich habe lange wunderbar funktioniert und diesen Teil in den Vordergrund gespielt und den anderen eben nicht. Aber irgendwann bin ich draufgekommen: Das fällt mir auf den Kopf. Also, ich spüre, ich werde nicht wahrgenommen als komplette ganze Person.** Astrid wirft ein: **Bei deinem letzten Freund vor allem.** **Ganz genau. Bei Mike war es für mich dann so deutlich, auch mit Hilfe meiner Psychotherapeutin, dass ich wirklich alles angeschaut habe und erkannt habe: So will ich es nicht mehr.** Mich als Psychotherapeutin interessiert an dieser Stelle das Phänomen Eigenverantwortlichkeit. Das heißt: vollständiger Ausstieg aus der Opferrolle und radikale Übernahme der Verantwortung für sich selbst. Denn ich bin davon überzeugt, dass die jeweiligen PartnerInnen uns etwas spiegeln über uns selbst, dass wir sie wählen, bewusst und unbewusst. Von daher will ich von Ingrid wissen, wie weit ihr der eigene Part klar geworden ist, nämlich einen Teil von sich in der Beziehung auszuklammern. **Natürlich! Und mit meinem jetzigen Lebensgefährten ist das ganz anders. Ich vertrete klar meinen Standpunkt, will ernst genommen werden und werde es auch. Das ist eine**

wunderbare Erfahrung. Astrid: **Er ist auch eine reifere Person! Ja, klar. Mike war zehn Jahre jünger und es schmeichelte mir. Nie wurde ich so hochgehoben und verehrt. Ich habe es genossen, aber irgendwann war es einfach zu wenig. Natürlich ging es mir nach der Trennung nicht gut, aber mit Abstand betrachtet: Gott sei dank. Es war das Beste, was passieren konnte.** Weil du dir selbst treu geblieben bist, stelle ich fest. **Ja, das stimmt! Und genau damals haben wir uns kennengelernt,** ergänzt Astrid. **In dieser Phase. Das war auch gut im Blick auf unsere Patienten. Du hast dadurch nicht mehr zugemacht.** Ingrid: **Ja, es war ein Herzöffnungsprozess. Ich habe mich immer weiter geöffnet für mich selbst und dadurch auch für andere.**

Ich bin fasziniert, wie sich unser Gespräch innerhalb so kurzer Zeit entwickelt hat. Zutiefst persönlich und privat. Im Vertrauen, sich zeigen zu können. Auch ich habe oft erlebt, dass gerade schmerzliche Erfahrungen zu wesentlichen Lernschritten geführt haben. Hilfreiche Weiterentwicklung, auch für meinen jetzigen Beruf. Zugleich bin ich davon überzeugt, dass dieser Weg zu mehr Beziehungsfähigkeit, und das heißt ja auch mit sich selbst besser in Beziehung sein können, irreversibel ist. Wenn dieser Weg einmal beschritten ist, dann kann ich zwar stehen bleiben und sagen: Ich will nicht mehr weiter, aber rückgängig zu machen ist er nicht. Wenn das Neue erspürt und erkannt ist. Astrid nickt zustimmend. **Ich weiß nicht, ob ihr das auch kennt, aber ich verspüre oft so eine tiefe Sehnsucht zu verstehen. Was passiert da gerade? Wo ist dieser Mensch, wer ist** dieser Mensch, was will dieser Mensch? Also, gerade auf der Berufsebene. Das ist eine Sehnsucht, als ginge es um mich selbst. Und zugleich geht es nicht darum, irgendetwas verändern zu wollen, sondern allein dieses Wesen zu erkennen, zu begreifen, einfach um des Wesens willen. Wie ist das bei dir, Ingrid? Ja, ich kenne das auch ganz gut. Nicht mit allen Patienten, denn sie müssen auch bereit sein, sich zu zeigen. Aber oft merke ich, wenn ich von mir etwas erzähle, was ich nicht kann, wo ich nicht weiter weiß, dass dann plötzlich etwas aufbricht und hinterfragt werden kann. Ich glaube, es gibt so viele Menschen, die nicht wirklich miteinander reden, auch in Beziehungen, und dass wir als Palliativschwestern oft Anstoß sein können, etwas zu öffnen. Und das ist schön. Astrid: Das passiert häufig, wenn wir etwas sichtbar machen von uns. Meistens sind es die vermeintlichen Schwächen, die mit ein bisschen Humor eingeführt werden ins Gespräch. Und wenn es nur darum geht: „Mir ist das schon oft passiert, dass ich ein Rotweinglas umgeschüttet habe." Also, es muss nichts tief Bewegendes sein. Ich denke an ein Gespräch mit einer Frau, die sehr körperbezogen und eitel war. Und jetzt ging es darum, diesen Körper aufzugeben... Das war das einzige, woran sie geglaubt hat, sich immer herzurichten und schön zu sein, eine perfekte Frisur zu haben. Und ich habe mich an die Situation erinnert, als ich mit meiner damaligen Liebe im Restaurant saß, ich habe mich total

schick hergerichtet an dem Abend, und dann bin ich zur Toilette gegangen und habe im Spiegel gesehen, dass ich die Weste falsch zugeknöpft hatte. Astrid lacht an dieser Stelle über sich selbst. **Und das habe ich der Frau erzählt. Diese Kleinigkeit. Ich war falsch zugeknöpft und bin dennoch richtig.** Super! **Ja, ja. Das öffnet etwas!** **Die Frau hat wirklich einen Moment lang gekichert.** Mir gefällt Astrids Humor. Sich selbst nicht ständig ernst zu nehmen – ein Stück Lebenskunst. Ihre Methode, den Weg der Selbstoffenbarung, setze ich als Therapeutin jedoch nur selten ein. Lieber verpacke ich eigene Erfahrungen in Fragen. Aber es handelt sich ja auch um einen anderen Kontext. Ingrid betont, sie kenne viele solcher öffnenden Geschichten, aber auch besondere Gespräche. **Ich hatte Wochenenddienst und bin täglich dreimal bei Herrn Weiß gewesen und das war immer intensiv. In der Früh, mittags und abends. Und am Sonntagabend habe ich es voll abgekriegt. Ich weiß nicht, was los war, aber auf alle Fälle habe ich zu hören bekommen: „Ihr seid so und so nur Engel mit schwarzen Flügeln und wollt mir ja gar nicht wirklich helfen, ihr unterstützt mich gar nicht in meinem Kampf gegen diesen Alien" und so weiter. Also, es ging echt heftig her. Er hat mich auch beschuldigt und ich war die Stellvertreterin für alle. Ich hatte das Gefühl, am liebsten würde ich gehen, bin aber trotzdem sitzen geblieben, weil ich mir gedacht habe: „Nein, ich gehe nicht!" Und dann er: „Sie sind feige!" Und ich: „Also, feige bin ich ganz sicher nicht, weil sonst wäre ich hier schon längst fort."** Astrid lacht hell auf, während Ingrid trocken ihre Erzählung fortsetzt: **„Sonst würde ich hier nicht sitzen bleiben." Er: „Ja, das stimmt. Ich habe mir auch schon gedacht, dass Sie das**

so lange aushalten." Und dann hat sich alles völlig verändert. Astrid wirft spontan ein: **Das war deine Schlüsselsituation!** Ingrid: Aber nur weil ich gesagt habe, was ich empfunden habe. Das war mir schon eine Lehre, auch für die Zukunft. Astrid bringt es auf den Punkt: **Dieses „ich bin, ich fühle". Das ist eine reine Ich-Aussage.** Ingrid stimmt zu: Genau. Dann hat er von sich aus gesagt: „Ich bin ja wahrscheinlich nicht einfach zu haben und die arme Susanne, die kriegt's auch so ab." Und nach ein paar Tagen ist er gestorben. Astrid erläutert: **Ich habe damals gemeint, jetzt hat sein Todeskampf angefangen oder aufgehört. Denn am nächsten Tag wollte er sterben. Nach dieser Auseinandersetzung, nach diesem Ich und Du. Es war wie ein Erwachen. Erwachen, um gehen zu können.** Wie hast du das erlebt, Ingrid? Es war interessant, weil ich ihn nicht mehr gesehen habe, ich hatte ein paar Tage frei. Hast du das später bedauert, will ich wissen. Nein, ich hatte mich verabschiedet. Also, ich bin dort weggegangen und habe auf der Straße geweint, weil es ging mir schon ziemlich nahe, dieses ganze intensive Wochenende mit ihm und dann das noch, aber ich hatte das Gefühl, es ist gut abgeschlossen. Und ich habe auch noch im Team am Montag erzählt, wie es mir mit Herrn Weiß ergangen ist. An den folgenden Tagen habe ich eine Weiterbildung besucht, energetische Modelle und Methoden. Zum Abschluss haben wir eine indianische Schwitzhütte gemacht und die Leiterin hat gesagt: „Werft diese Kräuter ins Feuer und sprecht einen Wunsch aus." Ich habe Herrn Weiß gewünscht, dass er gut gehen kann. Vom Team habe ich dann erfahren, dass er an diesem Tag gestorben ist. Ganz leicht, in der Nacht. Seine

Lebensgefährtin und die Exfreundin waren dabei. Mittlerweile sind nicht nur unsere Sekt-, sondern auch die Wassergläser leer. Wir beschließen, das prachtvolle Wetter auszunützen und ins Zentrum zu spazieren. Ein Sonntag, der mir in Erinnerung bleiben wird. Genießen in vollen Zügen. Lebensfreude und Heiterkeit. So vielfarbig und betörend, wie die Schönheit und der Duft der Rosen im Burggarten. Freundschaft.

Fließen

Ein Tor hat sich geöffnet
Ein Tor zu einer wunderbaren Welt

Gleißend das Licht
Elegant der Fluss
Schmeichelnd der Wind

Freudig empfange ich
Lasse es fließen
Mich wiegen
Nichts ist zu tun
Bereit sein ist alles

Dank gehört dir
Und mir
Und allen Welten

SOMMER

Rot

Rot wie das Feuer, die Liebe, das Blut. Farbe des Lebens. Wann immer ich am Café Engländer in der Postgasse im ersten Wiener Gemeindebezirk vorbeigehe – und das tue ich regelmäßig, denke ich an Paula Vascova. Ich sehe ihr leuchtend rotes Haar vor mir, höre ihr heiseres Lachen und spüre die Lebenskraft dieser besonderen Frau. Die Geschichte einer Begegnung in sieben Kapiteln.

Auftakt: Ingrid erzählt mir bei unserem ersten Treffen im Café Prückel von einer erstaunlichen Geschichte. Paula Vascova, Malerin, 45 Jahre alt. Diagnose: kleinzelliges Lungenkarzinom. Zu spät für eine Operation. Chemo- und Strahlentherapie, Naturheilkunde, TCM, Ernährungsumstellung, Gebete, Schamanismus – alles habe sie genützt im scheinbar aussichtslosen Kampf gegen diesen bösartigen, schnell wachsenden Krebs. Liebevoll unterstützt von ihrem Mann, einem Fotografen und einigen guten FreundInnen. Nach Abbruch der Chemo- und Strahlentherapie wandte sich die Künstlerin an das Mobile Palliativteam Rennweg. Ein halbes Jahr lang habe Ingrid die Frau begleitet. Sechs Monate Vorbereitung auf das Sterben, sechs Monate Abschiednehmen vom Leben. Durch alle Höhen und Tiefen seien sie gemeinsam gegangen, unzählige Tränen, große Traurigkeit und zugleich viel Spaß. Und dann geschah das Unvorhergesehene. Computertomographie und Magnetresonanztomographie zeigten eindeutig: kein Tumor in der Lunge. Spontanremission. Ein Wunder? Heilung. Statt Erleichterung und Freude folgte eine ernsthafte Ehekrise.

Kapitel 1: Ingrid ruft mich an, ob sie mich als Psychotherapeutin dem Paar empfehlen dürfe, ob ich mit den beiden arbeiten wolle. Bereits am übernächsten Tag lerne ich Paula Vascova kennen. Allein. Sie wollte es so. Ein Bündel an Energie bei aller Erschöpfung. Aufrecht, drahtig, strahlend blaue Augen. Lachend und weinend, wütend und hoffnungsvoll. Sie hat sich im Krankenhaus aufnehmen lassen, um den Entzug besser zu schaffen. Haschischtee und Vendal Tabletten konnten die krebsbedingten Schmerzen lange Zeit lindern. Ein abruptes Absetzen hatte unkontrollierbare Wutausbrüche zur Folge. Seither steht plötzlich Scheidung im Raum. Nach 15 Jahren guter Beziehung und sieben Jahren Ehe. „Ich habe den Krebs vertrieben“, erzählt sie selbstbewusst. Täglich habe sie gebetet, zum Krebs gesprochen: „Schätzchen, geh oder bleibe, aber wandere nicht!“ Ein Schamane habe sie dabei unterstützt. Dennoch: „Die Dämonen sind noch da“, formuliert sie drastisch. „Was mache ich, wenn die Leere kommt?“ Schlaflosigkeit, Unruhe, Angst, Zorn, Hilflosigkeit, Verzweiflung, Halluzinationen, Schmerzen – die Liste an Belastungen ist lang. Aber auch ihre Ressourcen: Dank ans Universum für den zweiten Geburtstag, wie sie die Diagnose „gesund“ bezeichnet, Malen, Rituale, Räuchern, Weinen, FreundInnen und vor allem Spazieren mit Michael, ihrem Mann und Shiva, ihrem Hund.

Kapitel 2: Eine Woche später kommt das Ehepaar zu mir in die Praxis. Ihr Wunsch: Durch eine neutrale Außenposition eine

Veränderung ihrer Sichtweise und Beziehungsdynamik zu finden. Er beschreibt den Kampf gegen den Krebs als ein Jahr Hochschaubahn. Wie ein Fass ohne Boden. Arbeitsunfähigkeit seinerseits als Folge. Existenzgefährdend für einen Selbstständigen. Zwölf Monate lang habe er sie überall hin begleitet, unterstützt und getragen. Jetzt sei seine Kraft am Ende. Mir gegenüber sitzt ein Mann Mitte 40, Tränen in den Augen. Dennoch wirkt er gefasst und klar. Sie hingegen scheint zu schwanken. Mehrfach innerhalb der Sitzung. Gesten der zärtlichen Zuwendung für ihn wechseln rasch ab mit zornigen Formulierungen. Die Emotion dahinter: sich verloren zu fühlen, Hilflosigkeit. Die Basis: Erschöpfung. Alles sei gut, wenn er ganz nahe bei ihr sei. Sobald er jedoch in die Arbeit gehe, falle sie in ein Loch. Verlassenheitsängste und Eifersucht auf alles. Ihr Bild: „Die Verzweiflung kommt, wenn der Klettverschluss aufgeht." Gemeinsam gelingt es uns, eine neue Perspektive zu finden: Das Leben feiern! Sichtlich erleichtert und ermutigt verlassen sie Hand in Hand den Raum.

Kapitel 3: Am nächsten Tag finde ich auf der Box meines Mobiltelefons eine Nachricht von Paula Vascova vor: „Ich habe nichts Gutes zu berichten." Wenig später erzählt sie mir schluchzend das Ergebnis der morgendlichen Magnetresonanztomographie: Metastasen in der rechten Gehirnhälfte. Sie hätte es bereits gewusst, als sie in der Röhre gelegen sei. Mir kommen die Tränen. Das Angebot der Bestrahlung habe sie abgelehnt, um nicht zu „verblöden". Ihr Mann und sie hätten abends gemeinsam geweint. „Das, was wir haben, kann uns niemand nehmen", betont sie fast trotzig, „meine Seele wird ewig bei dir sein", habe sie ihm versprochen. Ab sofort werde sie täglich für ihn auf ein

Diktiergerät sprechen. „Er ist die große Liebe meines Lebens", sagt sie. Ich kann ihr nur meine Wahrnehmung spiegeln. Die Verbundenheit der beiden war deutlich spürbar. Sie will keinen weiteren Termin. Ich biete ihr an, kurzfristig Zeit für eine Sitzung zu haben. Sei es einzeln oder zu zweit, in der Praxis oder zu Hause.

Kapitel 4: Zwei Monate später. Sonntag, 9. August 2009. Paula Vascova ruft an. Seit einer Woche sei sie auf der Palliativstation, im CS Hospiz Rennweg. Davor eine Operation. Darmverschluss. Gehen könne sie nicht mehr und ihr linker Arm sei gelähmt infolge der Metastasen. Ihre Gedanken eingeengt, düster und viele Tränen. Als einzigen Ausweg sähe sie derzeit Dignitas, die aktive Sterbehilfe in der Schweiz. „Ich habe ein Jahr lang so viel getan – jetzt bin ich am Boden zerstört", klagt sie. Ihr größter Wunsch: nach Hause zu gehen. Ihr Mann wolle es jedoch nicht, dabei hätte er es ihr versprochen. Wir vereinbaren einen Termin für ein Gespräch zu dritt. Im Hospiz.

Kapitel 5: Zwei Tage später. Eine halbe Stunde vor dem Termin erreiche ich die Station, begrüße die diensthabenden Palliativschwestern, -Pfleger und Ärztinnen. Es ist ruhig, wie zumeist. Leise. Mein Schritt verlangsamt sich sofort. Wohl vertraute Atmosphäre und dennoch anders. Nach zwei Monaten Praktikum, drei Monaten Dreharbeiten komme ich erstmals als Psychotherapeutin hierher. Im Meditationsraum sammle ich mich, bitte um Unterstützung, bevor ich das Zimmer von Paula Vascova betrete. Sie liegt im Bett und begrüßt mich freudig. Ihr T-Shirt: blau-weiß-gestreift, ihre Fingernägel: knallrot. Sie schaut nicht so schlecht aus, wie ich es befürchtet habe, wirkt lebendig und kraftvoll, trotz der körperlichen Behinderung. Heute sei sie erstmals gestanden, erzählt sie stolz. Dennoch hätte sie lieber die Operation nicht überlebt. Dignitas als Ausweg, denn sie wolle nicht im Hospiz oder Krankenhaus sein, sondern daheim. Ihr Ehemann kommt etwas verspätet, zu ihrer großen Freude mit Shiva, dem Hund. Sein Anliegen für die Sitzung: Klären, wann seine Frau nach Hause kommen könne. Das Bett sei bestellt, ebenso eine 24-Stunden-Pflege. Voraussichtlicher Zeitpunkt: in einer Woche. Paula Vascova: „Ich glaube ihm nicht." Eine Schutzbehauptung, vermute ich, falls es nicht klappen sollte. Zu Hause sein beschreibt sie als das schönste Gefühl, nicht sagbar, so kostbar. Wenn eine unabhängige Person es bestätigen würde, dann könnte sie es glauben. An dieser Stelle wende ich eine meiner Lieblingsmethoden der systemischen Therapie an, hypothetische Fragen. Paula Vascova und ich entwerfen gemeinsam ein Szenario, wie es wäre, wenn eine unabhängige Person glaubwürdig ihr versichern würde, dass sie in einer Woche nach Hause käme, was dann anders wäre, was sie täte, wie sie sich fühlte et cetera. Sie steigt darauf ein: „Ich wäre Michael total dankbar, würde in unserem schönen Bett im Schlafzimmer liegen, Musik hören und mich freuen, wenn die beiden Buben (ihr Mann und der Hund) nach Hause kommen." Innerhalb weniger Augenblicke hat sich die Atmosphäre im Zimmer gewandelt. Ihre Augen leuchten, das Gesicht entspannt, der Tonfall sanft. Ihr Mann sichtlich berührt. Beiden kommen Tränen. Mit Humor, Schmäh und viel Lachen bauen wir die Vision weiter aus, bis sie greifbare Realität wird. Reflexion über die Differenzen verhilft zu gegenseitigem Verständnis. Würdigung der besonderen, schweren Lebenssituation erleichtert, diese anzunehmen. Ich übersetze wie eine Dolmetscherin zwischen den beiden, wiederhole das Gesagte, bis es vom Gegenüber wirklich gehört werden kann. Ein berührender Prozess. Zum Schluss will Paula Vascova eine Zigarette rauchen. Ihr Mann besteht darauf, sie in ihrem Bett allein auf die Hospiz-Terrasse zu schieben. Und ich verabschiede mich von beiden. Gehe wie in Trance von dannen. Fühle mich so, als hätten mich Engel durch das Paargespräch getragen. Traurig, glücklich, dankbar, leer. Alles auf einmal.

Kapitel 6: Ein Tag später. Hochsommer. Ich liege auf der Wiese im Gänsehäufelbad und höre meine Mobilbox ab. Eine lange Ansage von Paula Vascova. Mir rinnen die Tränen herunter. Mitten unter den anderen Sonnenhungrigen. Das Gespräch habe ihr so gut getan, sie sei jetzt voller Freude, es gehe bergauf. Und dann eine lange Reihe an guten Wünschen für meine psychotherapeutische Praxis, die ich gerade aufbaue: zahlreiche KlientInnen und Freude an der Arbeit, sonnige Menschen in meiner Umgebung und viele Sonnenstunden, denn ich hätte in ihren Augen selbst so viel Sonne. Ich bin zutiefst berührt und brauche eine Zeit lang, bis ich mich bei ihr telefonisch bedanken kann. Erfreulich sei, erzählt sie, dass sie seit heute nicht mehr erschrecke beim täglichen Weinen in der Früh. Sie wisse jetzt, dass es wieder vorbeigehe. Gefühle zulassen statt dagegen ankämpfen als neues Motto. Die zwei Katzen im Hospiz blieben jede Nacht bei ihr und sie freue sich schon so auf das Nach-Hause-Gehen. Aktive Sterbehilfe sei deshalb kein Thema mehr. Ihr Gefühl zu Michael: ruhig und liebevoll. Das Café Engländer empfiehlt sie mir lachend, wenn ich einen Mann kennenlernen möchte. Sie werde mich wieder anrufen.

Kapitel 7: Ein Monat später. Ingrid erzählt mir, dass Paula Vascova vor zehn Tagen gestorben ist. Leicht, friedlich, zu Hause. In

Gegenwart ihres Mannes. Zwei Tage zuvor habe der Schamane noch ein Ritual mit beiden vollzogen.

Schlusstakt: Ende Oktober, gut zwei Monate später. Ingrid fragt mich, ob ich mit ihr zum Fest für Paula Vascova gehe. Wunsch und Auftrag der Verstorbenen, dass nach ihrem Tod ihr Mann alle FreundInnen und BegleiterInnen einlade. Da ich nicht beim Begräbnis war, komme ich gerne mit. Ein guter Abschluss, auch für meine eigene Trauer. Der Witwer begrüßt uns herzlich. Zirka 60 Leute sind in der geräumigen Altbauwohnung in der Wiener Innenstadt anwesend. Schöne Räumlichkeiten, angeregte Stimmung, großes Buffet, aufwändiger Schmuck. Alles in Rot. Von Kerzen über Servietten und Girlanden bis hin zu ihren Lieblings-Highheels. Stimmig für das, wie ich Paula Vascova erlebt habe, und dennoch überraschend. In den Gesprächen mit ihren FreundInnen, Verwandten und vor allem mit ihrem Mann: viel Trauer, Fassungslosigkeit, Dankbarkeit und Freude, ein Stück Weg gemeinsam gegangen zu sein. Ich bin dankbar, ihr begegnet zu sein und weiß: Sie wird immer einen Platz im Herzen ihres Mannes haben. Rot, die Farbe der Liebe.

Astrid Leßmann

Kommunikation

Freitag, 17.00 Uhr. Astrid fährt Auto, als ich anrufe. Ich höre es an den Nebengeräuschen. Luise nennt sie liebevoll ihren weißen BWM Baujahr 1990. Wir besprechen kurz, ob wir noch während ihrer Heimfahrt mit dem „Interview“, wie sie es bezeichnet, beginnen. Ihre Idee: Sie pausiert später an einem schönen Platz in der Sonne. **Ich komme gerade von einem Mitarbeitergespräch mit einer ehrenamtlichen Begleiterin aus meiner Gruppe**, berichtet sie. Ein Teil ihrer vielfältigen Tätigkeiten: Die Leitung einer Gruppe von elf Ehrenamtlichen, die im Tageshospiz arbeiten und mobil begleiten. Weiters koordiniert sie die mobilen Einsätze. Ganz viel Verschiedenes, kann ich nur anmerken. **Ja, immer andere Baustellen, hat viel mit Kommunikation zu tun.** Welche Rolle spielt die Kommunikation in der Begleitung von Hospiz-Besuchern und -Besucherinnen? Astrid denkt kurz nach. **Das Bild, das mir spontan kam: Wenn es Nacht ist und eine Lampe brennt, dann wirkt der Lichtkegel viel kleiner als untertags. Es ist wichtig, auf diesen kleinen Bereich zu fokussieren. Alles ist konzentrierter, dichter. Wenn man ausweicht, wird es dunkler.** Das Bild spricht mich an. Spiegelt es doch auch meinen Eindruck von Gesprächen mit unheilbar kranken Menschen in ihrer letzten Lebensphase wider. Intensität ist mein Begriff dafür. Hängt das mit dem Gefühl zusammen, dass die Endlichkeit so präsent ist? Mit dem Wissen, dass die Zeit begrenzt ist? **Ja, Gespräche in der Abenddämmerung und dann kommt die Nacht. Es ist ja der Lebensabend und der hängt nicht vom Alter ab. Da gibt es weniger Ausweichen oder man will weniger ausweichen.** Meinst du mit dem Weniger-ausweichen-Wollen mehr die Menschen, die du begleitest oder dich selbst? **Das ist ganz unterschiedlich. Eher die Grundstimmung des Gesprächs, ob etwas ausgesprochen wird oder nicht. Es ist die Grundhaltung.** Was für eine Grundhaltung hast du? **Wenn du mich so fragst – ich lasse mich halt ein. Wenn ich mich ins Gespräch begebe, öffne ich mich für das, was da sein will.** Diese Vorgangsweise beziehungsweise Haltung ist auch mir vertraut. Aus meiner Tätigkeit als Regisseurin ebenso wie aus meiner Praxis als Psychotherapeutin. Die Kunst, vorbereitet in ein Interview zu gehen, um dann alle Vorbereitungen wieder fallen zu lassen. Frei sein für die Begegnung. Astrid schildert konkreter: **Es ist ja oft so, dass wir uns im Team Gedanken gemacht haben. Und das Erstgespräch ist etwas anderes als prozessbegleitende oder Krisengespräche. Aber ganz egal, wie viel ich mir vorher überlegt habe oder welche Aufträge ich erhalten habe, ich versuche mich einzulassen.**

Ich erinnere mich an ein Gespräch mit einem Herrn, Anfang 70, Lungenkrebs, der ein Krankenbett zu seiner Erleichterung nicht zulassen

wollte. Weißt du wieso? Es ist dann signifikant: „Ich bin schwerer krank, wenn es mir nicht mehr gelingt, allein vom Bett aufzustehen." Bei diesem Mann, der nie über seine Gefühle gesprochen hat, war das noch bedeutsamer. So machte ich einen Hausbesuch, als er nicht mehr ins Tageshospiz kommen konnte. Kennengelernt hatte ich ihn schon zwei Jahre zuvor. In besonderen Fällen begleiten wir auch zu Hause bis zuletzt, wenn die Bindung sehr eng ist. Wie bist du mit dem Herrn umgegangen, wenn er nicht über seine Gefühle sprechen konnte? **Manche Gefühle konnte ich sehen und brauchte nicht darüber zu sprechen. So saßen wir miteinander, wir drei, er, seine Frau und ich. Einlassen heißt auch, dass du den Aufhänger, wo du dann einhaken kannst, heraushörst. Also, du lässt deinen Vorschlag völlig los: „Jetzt ist es an der Zeit, ein Krankenbett einzuführen."** Das heißt, du hast ihm den Vorschlag nicht unterbreitet? **Ja, genau. Es gibt für mich ein Sinnbild, das habe ich Ende der 1980er-Jahre gelesen. Manchmal ist der Weg ins Paradies verschlossen und man muss erst eine Reise um die Welt machen, um einen anderen Eingang zu finden. Ist doch cool! Das ist meine Methode. Wenn es sein soll, dann gibt es einen anderen Eingang und wenn nicht, dann nicht.** Welche Reise um die Welt hast du mit ihm angetreten? **Er hatte erwähnt, dass ihm der Weg zur Toilette schwerer fällt und ich**

habe ihn dann gefragt, wie er seiner Meinung nach Kraft sparen könnte, um genug Energie für diese Wege zu haben. Auch für seine Gänge auf den Balkon, wo er geraucht hat. Das ist angewandtes systemisches Denken. Sich an den Ressourcen zu orientieren und nicht an den Defiziten. Vorrangig auf das zu achten, was noch geht statt auf das Nicht-Mehr. Zugleich ist das Hospiz in Reinkultur. Sich nach den Bedürfnissen der kranken Menschen zu orientieren. Ihre Wünsche radikal ernst nehmen und ermöglichen. **„Ach, schon das Aufstehen!" meinte er. Damit war ein anderer Eingang zum Paradies gefunden. „Das bringt mich auf einen Gedanken", erwiderte ich, „ein Krankenbett könnte Ihnen das Aufstehen erleichtern, weil es auf Knopfdruck hinauf- und herunterfährt." Dann hat er mich mit stillen, großen Augen angeschaut. Ich habe gesagt: „Okay, ein Krankenbett kann natürlich in Ihrer Situation auch bedeuten, die Erkrankung ist vorangeschritten und mit dem Bett ist es manifest. Und das ist auch so."** Mich beeindruckt, wie Astrid stellvertretend für diesen Herrn ausspricht, was ist. Ganz klar, ohne auszuweichen. Plötzlich höre ich Lärm. Wie von Motocrossmaschinen. Astrid sitzt mittlerweile in der Sonne, erfahre ich. In ihrer Nähe kurven Quadfahrer im Gelände herum. Mich interessiert, wie die Geschichte weiterging. Wie hat er reagiert? **Still natürlich. Mimik eher starr. Ich habe gesagt: „Ich weiß, dass Sie nicht darüber reden wollen, das müssen wir auch nicht. Sie haben Ihre Art, das mit sich selbst auszumachen. Aber vielleicht wollen Sie**

an einer Stelle Kräfte sparen, um sie für etwas anderes zu haben, was Ihnen wichtig ist." Wie lange hat er gebraucht, bis er sich entschieden hat? **Nicht einmal eine halben Stunde, weil der Eingang da war.** Woher wusstest du, dass er den Vorschlag für ein Krankenbett früher abgelehnt hätte? – Astrid lacht. **Weil ich ihn schon gekannt habe. Wir hatten einige Zeit vorher ein Gespräch über den Porta Kath, das ist eine einstechbare Membran unter der Haut, ein zentralvenöser Zugang, meistens unterhalb des Schlüsselbeins. Dann musst du nicht immer eine Vene anstechen. Ich wusste, dass er viele Dinge länger abgelehnt hatte und wenn er sie dann akzeptiert hatte, war er sehr glücklich. Zum Beispiel eine Schmerzpumpe oder mit der Rettung fahren statt mit dem eigenen Auto.** Die Kunst, den richtigen Zeitpunkt zu erfassen. Die griechische Mythologie kennt dafür sogar eine eigene Gottheit: Kairos, den Gott des günstigen Augenblicks. **Ja, genau. Ich muss erst abwarten, ob es der richtige Zeitpunkt ist, bevor ich so etwas sage. Ich habe in seinem Beisein das Sanitätshaus angerufen und das Bett bestellt. Damit war es so, als hätte er es selbst gemacht. Bei anderen ist das unbedeutend, bei ihm war es wichtig, und das Bett kam gleich am nächsten Tag. Schon interessant. Manchmal dauert es eine Woche. Es wurde aufgebaut und stand dort. Seine Frau hat mir erzählt, dass er gemeint hat: „Ja, wenn es dann soweit ist, gehe ich dort hinein." Darauf hat**

sie erwidert: „Das gibt's doch nicht, probier's zumindest in der Nacht aus!" Und er hat die ganze Nacht durchgeschlafen, ohne ein einziges Mal aufzuwachen. Cool, gell? Danach ist er nie mehr in seinem eigenen Bett gelegen, weil das neue viel bequemer war, das Radio besser und die Ablage so gut erreichbar. Manche Menschen müssen zu ihrem Glück verführt werden, fällt mir spontan ein. In Abwandlung der Redewendung „jemand zu seinem Glück zwingen" – an sich ein Ding der Unmöglichkeit. **Jawohl, ich glaube, dass ich in meiner Art der Gesprächsführung eine Verführerin bin. Da ich ja so ein genießerischer Mensch bin, kann ich gut verführen, sonst hätte ich etwas Zwingendes oder Strenges und das habe ich nicht. Vom Grundton her bin ich eher eine Gesprächsverführerin.** Angenommen, du würdest diese Erfahrung in einem der Seminare, die du leitest, versuchen zu vermitteln – was wäre es? **Wenn ich auch noch so sehr weiß, was gut wäre für den anderen, kann ich es ihm doch nur als Angebot vermitteln.** Das ist eine Haltung, nicht eine Kommunikationstechnik, werfe ich ein. **Ganz genau. Ich vermittle viel mehr Haltung als Technik. Die erforderlichen Tools bekommen die Seminarteilnehmer und -teilnehmerinnen zusätzlich als Handout. Weißt du, wenn der Herr nicht bereit ist, mit mir zu tanzen, dann geht es nicht und jeder behält sein Gesicht. Sobald ich Verordnungen oder Ratschläge mache, kann ich mein Gesicht nicht mehr wahren. Das beginnt, sobald**

ich etwas erzwingen will. Wie würdest du diese Haltung nennen? **Dass er selbst weiß, was für ihn gut ist. Ich kann wissen, was ihm das Leben erleichtern würde, aber wenn er es nicht will – Punkt aus.** In journalistischer Sprache würde ich sagen: „Der Patient ist der Experte beziehungsweise die Patientin ist die Expertin." **Jeder Mensch ist der Experte für sich und sein Leben und sein Schicksal, nicht mehr und nicht weniger.** Ist diese Haltung nur für dich charakteristisch oder ebenso für die Hospizbewegung? **Erstens für mich und zweitens kann ich es dir nicht allgemein beantworten. Aber ich kann dir sagen, dass ich längere Zeit nur an einem Ort arbeiten kann, wo das die Grundhaltung ist. Ich glaube wohl, dass Hospiz im Sinne von Gastlichkeit ursprünglich so gemeint ist.** An dieser Stelle beenden wir unsere heutiges Telefon-„Interview" und ich sinniere noch über den Begriff „Hospiz" nach. Das Wort stammt aus dem Lateinischen (hospicium) und bedeutet Herberge. Ab dem Mittelalter bezeichnete es von kirchlichen Orden geführte Häuser, in denen Pilgern auf ihrer Reise Pflege, Unterkunft und vor allem Gastfreundschaft gewährt wurde. Kein anderes Wort könnte wohl besser kommunizieren, worum es der modernen Hospizbewegung geht. Raststätten anzubieten auf dem letzten Weg.

Ingrid Marth

Gefühle

Dienstag, 16 Uhr 30. Ein heißer Sommertag. Ingrid und ich haben unser heutiges Gespräch ins Freie unter schattige Bäume verlegt. Der Ort: Café Meierei im Volksgarten. Eine Grünoase inmitten der Stadt. Vor uns stehen zwei Sommerspritzer, eine erfrischende Mischung aus grünem Veltliner und Mineralwasser plus Zitronenscheibe. Mein kleines Diktaphon ist eingeschaltet und ich beginne mit dem Thema Kommunikation in der Hospizarbeit. Worauf kommt es dir dabei an? **Für die Kommunikation verlasse ich mich gerne auf meine Gefühle,** erklärt Ingrid. **Wichtig ist, dass ich versuche, nicht meine Meinung oder Ideen und Vorstellungen in ein Gespräch zu bringen. Das beginnt schon vor der Begegnung, indem ich zum Beispiel beim Hinfahren frei werde von Vorstellungen. Also, nicht wertend und urteilend sein. Ich versuche, möglichst wertfrei zu bleiben und nichts zu schubladisieren. Es ist spannend, mit wie vielen verschiedenen Menschen wir zusammenkommen. Da kannst du gar nicht fixiert sein. Jeder Mensch ist anders, und du musst erst eine Vertrauensbasis schaffen.** Mich hat im CS Hospiz Rennweg stets beeindruckt, mit welcher Offenheit die Gespräche zwischen Team, Erkrankten und Angehörigen erfolgen. Und zwar von Anbeginn, denn die Betroffenen müssen aufgeklärt sein. Das ist ein Kriterium für die Aufnahme in die Hospizbegleitung. Sprich, sie müssen Bescheid über ihre unheilbare Erkrankung wissen und der Palliativmedizin und –pflege zustimmen. Das bedeutet eine Abwendung von der kurativen, auf Heilung ausgerichteten Medizin mit ihrem Kampf gegen den Krebs und andere unheilbare Krankheiten. Zugleich erfordert es eine bewusste Entscheidung für mehr Lebensqualität durch effektive Schmerzmedikation, Linderung der Symptome und ganzheitliche Pflege und Betreuung. Ich bin neugierig, konkret zu hören, wie Ingrid in dieser Anfangsphase der Begegnung vorgeht. **Beim Erstgespräch versuche ich möglichst viel zu erfahren, ohne mein Gegenüber auszufragen. Ich möchte ihn oder sie einfach kennenlernen. Eine Beziehung aufbauen heißt, offen zu sein für alles, was kommen mag. Als hilfreich erlebe ich, dass ich ein feines Gehör für Impulse entwickelt habe und an diesen Stellen frage ich nach. Manche reden kein Wort über Sterben und Tod. Mir fällt es dann schwerer, aber ich habe lernen müssen, es zu respektieren. Insgesamt ist es wichtig, Fragen zu stellen, um abzuklären, was erwartet wird, und zwar immer wieder neu. Wir nennen das „einen Auftrag holen“. Ich versuche auch im Team, nicht wertend zu erzählen, weil es leicht passieren kann, übergriffig zu werden.** Seit meiner Ausbildung in systemischer Psychotherapie weiß ich, wie viel Umlernen, Übung und Achtsamkeit es benötigt, anderen Menschen nicht wertend oder beurteilend und frei von Vorstellungen begegnen zu können. Bewusstheit und Reflexionsfähigkeit inkludiert. Haltungen, die meines Wissens im Buddhismus permanent geübt werden. Hast du dir diese Fähigkeit durch deine buddhistische Praxis angeeignet, will ich wissen. **Ja, auch. Ich habe in Indien gelernt, wie Wahrnehmung funktioniert. In New Delhi, wo ich ja viermal ein halbes Jahr für Studienzwecke verbracht habe. Nur der allererste Augenblick eines Sinnes- oder Geisteseindrucks ist reines unverfälschtes Wahrnehmen,**

so wie es ist. Ab dem zweiten Moment folgen sofort Bewerten, Beurteilen und Interpretieren. Mir ist dieses Charakteristikum menschlicher Wahrnehmung auch bewusst geworden, erzähle ich Ingrid. Meinen theoretischen Background bilden jedoch die moderne Kommunikationstheorie, Neurobiologie und Konstruktivismus. Wahrnehmung als etwas biologisch Bedingtes und zugleich sehr Individuelles. Jeder und jede konstruiert sich die eigene Welt(sicht). Vielleicht der gravierende Unterschied: Der Buddhismus zeigt einen Weg der Praxis. **Ja, das kannst du in der Meditation üben,** bestätigt Ingrid. **Das heißt, immer wieder sitzen. Der Beginn besteht darin, den Geist zu beruhigen und dann zu untersuchen, wie die Gedankenketten entstehen. Wer geübter ist, kann in den Geist hineinschauen und erfährt womöglich die Essenz von dem, was Frei-Sein oder Befreiung bedeutet. Eigentlich ist die Kapazität des Geistes viel umfassender als wir üblicherweise wahrnehmen, das kenne ich punktuell. Wirklich Befreite können dauerhaft in der wahren Natur des Geistes verweilen, auch ohne zu sitzen. Sie sehen, wie die Dinge sind, wie Leiden entsteht und wie alles zusammenhängt. Am Anfang meiner buddhistischen Praxis habe ich mir gedacht, wieso wird das Leiden so betont, aber all die Verstrickungen hindern uns daran, das Leben zu sehen und zu erfahren, wie es wirklich ist, nämlich reines Glück, Freude, Weisheit. Das sind Qualitäten, die dem Geist inhärent sind.** Ingrids Augen leuchten, während sie diese Erfahrungen schildert. Erfahrungen, die auch Mystiker und Mystikerinnen aller Religionen beschreiben. Wenn auch mit anderen Worten. Auch ich kenne solche heilsamen, beglückenden Einsichten, jedoch nur wie seltene Momentaufnahmen, nicht als kontinuierliches Lebensgefühl. Vielleicht auch eine Frage der regelmäßigen spirituellen Praxis. Wie schaffst du es, das Sitzen in deinen Alltag zu integrieren, will ich daher wissen. Ingrid lacht. **Ja, die Meditation! Nach einem Retreat ist sie täglich Teil des Alltags, zirka eine Stunde in der Früh, dann wird es langsam wieder weniger. Regelmäßige Praxis ist schon wichtig, manchmal aber genügen ein paar Atemübungen in der Früh zum Sammeln und Fokussieren. Das geht gut und ist eine feine Vorbereitung für den Tag. Ich habe mir auch angewöhnt, das Läuten des Telefons als Signal zu nützen, um mich zu sammeln. Dazu lasse ich es einfach drei Mal läuten, bis ich abhebe. Das sind alles so alltägliche Übungen, um präsent zu sein. Oder ich habe mir zum Beispiel angewöhnt, ein bisschen langsamer und bewusster zu gehen, und bei dem zu bleiben, was jetzt gerade ist. Egal ob das Gehen oder Geschirrabwaschen oder sonst etwas ist. Anfangs war es ungewohnt, nicht wie eine taffe Frau fünf Sachen auf einmal zu tun. Heute sind ja viele Frauen stolz auf ihre Fähigkeit zum Multitasking, ich jedoch versuche, das wieder loszulassen, davon wegzukommen. Unser Geist funktioniert nämlich so: Moment auf Moment auf Moment... Wenn ich versuche, achtsam zu sein, geht es nur auf diese Weise: Eines nach dem anderen.** Ingrid spricht diese wichtigen Erkenntnisse gelassen aus. Völlig unprätentiös. Ich erlebe sie auch so: achtsam, präsent, ganz bei der Sache. Wie aber lernen andere Hospizmitarbeiter und -mitarbeiterinnen diese für gelungene Kommunikation so wichtige Fähigkeiten wie Achtsamkeit und Präsenz oder Bewusstheit über die eigene Wahrnehmung? Was gibt es für Angebote? **Wir haben immer wieder interne Fortbildungen, nicht nur für Krankenpflege und Palliative Care. Ganz wichtig finde ich auch die Seminartage mit Astrid zu Themen wie „Erstgespräche führen“ oder zum**

lösungsorientierten Ansatz der systemischen Psychotherapie. Ich schätze sehr den ganzheitlichen Ansatz von Cornelia Knipping, einer Schweizer Expertin für Palliative Care, die unter anderem am IFF in Wien lehrt. Das IFF ist eine Fakultät für Interdisziplinäre Forschung und Fortbildung der Alpen-Adria Universität Klagenfurt. Cornelia Knipping geht es vor allem darum, den Menschen, egal ob gesund oder krank, allumfassend zu sehen. Dazu gehören physische, psychosoziale, spirituelle und kulturelle Aspekte. Wir üben uns darin, konkrete Fragen zu stellen, zum Beispiel: „Wie gehen Sie mit Ihrer Krankheit um? Was bedeutet das für Ihre Angehörigen? Was heißt das für Ihren konkreten Alltag? Was gibt Ihnen Halt, das zu ertragen? Wie können wir Ihnen am besten helfen?“ Ich erinnere mich an den langen Lebenslauf von Ingrid, der auffallend viele Fortbildungen fernab von Krankenpflege aufweist. Ihr großes Engagement ist nicht zu übersehen. Eine enorm hohe Bereitschaft zur Weiter- und Fortbildung, attestiere ich. Ingrid lacht und nickt zustimmend. **Ja, genau. Ich verspüre nach wie vor einen großen Wunsch nach mehr Werkzeug und überlege mir, auch eine Coaching-Ausbildung zu machen. Ganz einfach, um sicherer im Umgang mit schwierigen Fragen zu sein. Es gibt oft Situationen, wo es nur ums Aushalten geht. Um mit solchen Situationen klar zu kommen, ist es notwendig, mit sich selbst gearbeitet zu haben. Mir hat da die Psychotherapie viel geholfen. Denn ich muss zugleich professionell unterscheiden können, in welchen Situationen ich etwas aushalten und Raum geben muss oder aktiv werden sollte. Das gilt besonders für den Zeitpunkt, wenn der erkrankte Mensch terminal ist, das heißt im Sterben liegt und die Kommunikation primär nonverbal erfolgt, die Angehörigen aber gerade jetzt verbale**

Kommunikation wie Tipps oder Informationen brauchen. Das Aushalten-Können nimmt für mich eine Schlüsselstellung ein im weit gespannten Bogen von Kommunikation, Wahrnehmung, Achtsamkeit und Gefühlen. Ich erzähle Ingrid, dass ich das „Aushalten" am intensivsten während meines Praktikums im Hospiz gelernt habe. Es auszuhalten, jemanden nicht vor dem Sterben „retten" zu können. Betreut wurde ich damals von Clemens Nowak, einem erfahrenen und liebevollen Seelsorger. Ihm habe ich ein Bild zu verdanken, das mich bis heute begleitet: Es geht darum, sich mit dem anderen an den Rand des schwarzen Lochs zu setzen, ohne mit ihm hinabzusteigen, aber dennoch sitzen zu bleiben – und zwar nur, solange ich es kann. Eine große Herausforderung in Hinblick auf die eigenen Gefühle. Sie wahrzunehmen, zuzulassen und ernst zu nehmen. Unabdingbare Voraussetzung, um das auch bei anderen tun zu können und zugleich eine Notwendigkeit, um auf die eigenen Grenzen achten zu können. Ich bin sehr dankbar für diese Erfahrungen und erlebe sie als enorm hilfreich bei meiner Tätigkeit als Psychotherapeutin. Präsent sein und zugleich dem Gegenüber sein Schicksal zu lassen. Ohne einen bewussten Umgang mit den eigenen Gefühlen geht das nicht. Von daher bitte ich Ingrid um ein konkretes Beispiel aus der Praxis. Welche Rolle spielen für dich Gefühle in der Kommunikation?

Dazu fällt mir jetzt ganz spontan eine Patientin ein. Sie lebte alleine zu Hause mit ihrer Katze und ich kam zu ihr. Sie hat davon gesprochen, wie es sein wird, wenn sie stirbt und hat so ihre Vorstellungen gehabt, wie sie es gerne hätte und was da alles sein sollte. Und plötzlich hat sie gesagt: „Was Sie anhaben, das gefällt mir so gut!" Und dann hat sie gemeint:

„Ja, irgendwann werde ich von oben herunterschauen, wie Sie beim Kleidung-Probieren sind und ich sehe dann, was Sie gerade anziehen. Und ich werde dann sagen: ‚Super, das ist gut oder eben auch nicht.'" Und so sind wir spielerisch in ein tiefes Gespräch gekommen, wir haben auch gelacht dabei, aber nun wurde wirklich konkret ausgesprochen, dass sie jetzt tatsächlich nicht mehr lange leben wird und dass diese Situation tatsächlich eintreten könnte. Das hat irgendwo etwas aufgemacht. Ihr sind die Tränen gekommen und mir auch und dann haben wir uns angeschaut und haben ein paar Tränen miteinander vergossen und es war total schön. Einfach so miteinander ein Gefühl zu teilen. Hattet ihr noch Gelegenheit, über ihren Abschied vom Leben zu reden und dass ihr Tod bald bevorsteht? Über ihre Vorstellungen und Gefühle in Hinblick auf ihr Sterben? **Ja, auch konkreter, was sie haben möchte.** Bedeutet konkreter, sie ist zum ersten Mal gut in ihre Gefühle gegangen, zum Beispiel wovor sie Angst hat, was sie traurig macht? **Genau, so ist es.** Wie alt war die Frau? **Sie war nicht so alt. Gerade 60.** Welche Krebsart hatte sie? **Das müsste ich in den Unterlagen nachschauen. Jedenfalls hatte sie ganz viele Gewächse, die überall aus dem Körper herausragten, wirklich entstellend. Das Körperbild war gar nicht schön. Was der Ursprungskrebs war, weiß ich nicht mehr. Es ist drei Jahre her, aber ich weiß noch ihren Namen und wo sie gewohnt hat.** Solche Sachen merkst du dir, werfe ich total erstaunt ein. Spannend! **Ja, das ist überhaupt ein Phänomen unserer Arbeit. Je länger ich in diesem Beruf arbeite, desto mehr Orte gibt es in der Stadt, die ich mit jemandem verbinde. Es ist so wie ein buntes Puzzle. Wenn ich jetzt an dieser Stelle vorbei fahre, denke ich immer an den Menschen, den wir da betreut haben.** Und was löst das für ein

Gefühl bei dir aus? **Je nachdem, wie die Beziehung war, manches Mal ist auch ein bisschen Wehmut dabei. Die Stadt bekommt dadurch eine andere Färbung. Also, das ist schon ganz speziell. Ähnliches gilt auch für Düfte. Wenn ein bestimmter Duft mit jemandem in Verbindung stand, bleibt mir das sehr lange hängen, und ich denke sofort wieder an diesen Menschen. Oder besondere Dinge, dann erinnere ich mich an den oder an die. Auch wenn die Begleitungen oft nicht lang sind, aber wenn sie intensiv waren, oft auch nur eine Begegnung, gibt es dann Anknüpfungspunkte, wo ich sage: Ja, genau.** Erzeugen diese Assoziationen bei dir ein Gefühl der Verbundenheit oder verstärken sie bei dir ein solches Gefühl? Gerade, wenn du immer wieder an so viele Verstorbene denkst? **Ja, schon. Aber ich denke nicht ständig daran, sondern es kommt so ein Moment, das dauert dann vielleicht ein paar Minuten und dann ist es wieder okay. Aber es blitzt immer wieder einmal in der Stadt irgendwo auf.** Mich fasziniert unser Gesprächsverlauf. Ein schönes Bild: Wien als buntes Puzzle. Wie ein unsichtbares Netz haften die Erinnerungen an den Orten und schaffen Verbindungen. Vergegenwärtigung. Halten das Gefühl der Verbundenheit aufrecht. Das Gefühl des Getrennt-Seins, die Vorstellung, ein singuläres, einsames Wesen auf dieser Welt zu sein, ist meines Erachtens eine Illusion. **Ja, das ist eine Illusion,** ist Ingrid ebenso überzeugt. Früher bin auch ich ihr erlegen, bis ich durch diverse Erfahrungen das Getrennt-Sein als Irrglaube entlarven und die Verbundenheit anerkennen konnte. Besonders die spirituelle Aufstellungsarbeit, wie sie die beiden österreichischen systemischen Psychotherapeuten Siegfried Essen und Aron Saltiel praktizieren, bildete bei der Revision meines Weltbildes und –erlebens einen entscheidenden Faktor. Ich habe mich dabei einfach als Teil des Ganzen erlebt. Ganzkörperlich. Hinter diese Erfahrung gibt es kein Zurück. Wieso wohl so viele Menschen dennoch dieser Illusion des Getrennt-Seins anhängen? Ingrids Vermutung: **Es gibt schon auch dieses Gefühl vom Ganz-Alleinsein. Beim Sterben bist du wirklich ganz allein. Da kann einem keiner wirklich helfen. Bis zum Sterben ja, aber in dem Moment gehst du deinen Weg alleine.** Wer weiß, stelle ich auch das in Frage. Wir können ja leider niemand fragen und Menschen mit Nahtoderfahrungen berichten Gegenteiliges. Sie erzählen ziemlich übereinstimmend, dass sie von einer hellen Lichtgestalt abgeholt wurden. Woher kommt also die Angst? **Vielleicht ist es ja auch Gewohnheit,** spinnt Ingrid den Gedanken fort. **Alles, was wir nicht kennen, macht uns Angst, alles, was wir nicht einordnen können und nie erlebt haben. Na ja, wer kann sich schon an seinen eigenen Tod erinnern! Das sind wohl die wenigsten. Das macht einfach Angst, klar. Wenn es dann so weit ist, wird es vermutlich ganz anders sein als erwartet.** Eben! Aber bereits zu denken, wie du es als Buddhistin tust, dass du vielleicht hunderttausende Male schon auf dieser Welt warst und hunderttausende Male geboren wurdest und gestorben bist, das verändert ja bereits die Perspektive! **Ja, genau. Auch wenn die Erinnerung nicht da ist.** Das wäre auch ein interessantes Thema. Aber für heute beenden wir unser Gespräch. Ingrid ist in einer halben Stunde mit zwei Freundinnen verabredet. Kino steht auf dem Programm.

Würde

Freitag, 20 Uhr 30. Zeit zum Telefonieren mit Astrid. **Ich bin gerade fertig geworden mit den Vorbereitungen für das morgige Seminar**, erzählt sie fröhlich. **Ein Seminar für ehrenamtliche Mitarbeiterinnen, die sich um Angehörige kümmern, die chronisch und unheilbar Kranke zu Hause pflegen und betreuen.** Was willst du vermitteln, will ich wissen. **Erstens wertschätzende Kommunikation, denn die Ehrenamtlichen sind im Familiensystem mit Krisen und Konflikten konfrontiert. Zweitens den Umgang mit den Themen Trauer, Sterben, Tod. Dazu nehme ich gerne die Sterbephasen nach Kübler-Ross als Grundlage und erkläre sie zirkulär. Denn die Angehörigen erleben diese Phasen genauso wie die Sterbenden selbst. Aber das ist den meisten nicht bewusst.** Wie Astrid schätze auch ich das Werk von Elisabeth Kübler-Ross. Die Bücher der renommierten Sterbeforscherin gelten seit Jahrzehnten als bahnbrechende Standardwerke. Die Ärztin differenziert fünf Sterbephasen: 1. Verleugnung und Isolation („nein, ich doch nicht"), 2. Wut und Widerstand („warum ich"), 3. Verhandeln und 4. Depression („okay, aber"), 5. Annehmen („es ist in Ordnung"). Eine zirkuläre Sichtweise veranschaulicht, dass diese fünf Phasen nicht streng chronologisch verlaufen, sondern sich abwechseln und eine oder mehrere dominieren können. **Diese Phasen erleben die Angehörigen genauso,** betont Astrid, **denn sie sterben mit. Es stirbt ja alles, das gemeinsame Leben und die Zukunft stirbt auch, die sie mit diesem Menschen gehabt hätten. Das Problem ist, dass Angehörige und Betroffene oft in unterschiedlichen Phasen sind. Das will ich den Ehrenamtlichen klar machen, damit sie ein Gefühl dafür bekommen.** Eine große Herausforderung. Denn Wissensvermittlung ist das eine, aber in der Begleitung Sterbender und ihrer Angehörigen geht es ja ganz wesentlich um eine Haltung. Eine Haltung, getragen von Respekt und Wertschätzung, die anderen ihre Würde belässt. Wie aber kann eine Haltung vermittelt werden? Was versteht Astrid unter Würde? **Würde bedeutet für mich, dass ich anderen zutraue, dass sie wissen, was für sie gut ist. Und das muss ich selbst gar nicht verstehen.** Ich bin beeindruckt, wie sie diese Definition scheinbar mühelos, aus dem Stegreif formuliert. Fernab jeglicher Plattitüde, die der Verwendung leicht innewohnt. „Würde bis zuletzt", „ein Leben in Würde" heißt es im Palliativbereich seit vielen Jahren. Inhaltlich richtig, stimmig, aber durch die wiederholte Verwendung ein wenig abgenützt und entleert – wie ja andere bedeutsame Worte auch. Gott und Liebe sind zwei Musterexemplare, zumindest in der abendländisch geprägten Kultur. Doch zurück zu Astrid. **Wir sind oft gar nicht bereit, anderen zuzutrauen, dass es Sinn macht, wie er und sie leben. Aber ich muss es nicht gut finden, ich muss es nicht einmal verstehen. Sondern ich brauche nur den Willen**

zu haben, diesen Menschen so zu begleiten, wie es für ihn wichtig ist. Auch wenn ich mit meiner kleinen Weltsicht im ersten Moment vielleicht meine, dass die Familie bekloppte Entscheidungen trifft. Ich schmunzle über das Wort „bekloppt“. Ungewohnt aus Astrids Mund. Das sei eine Formulierung ihrer Mutter, erklärt sie lachend. Ich bitte um ein konkretes Beispiel für so genannte „bekloppte Entscheidungen“.

Frau Langer, 60 Jahre, Darmkrebs, ihr Mann zirka fünf Jahre älter, ein Sohn und eine Tochter, ein Enkelkind. Alles ein lebendiges Chaos aus meiner Sicht. Aber Würde beginnt da, wo ich mit meinen eigenen Vorstellungen und Werten in Widerstand komme. Im Leben geht es ja immer um Entscheidungen und das trifft gerade im letzten Lebensabschnitt besonders zu. Diese Frau wirkt auf mich wie eine Marionette innerhalb des Familiensystems. Sie darf selbst keine Entscheidungen treffen, möchte ich vorsichtig sagen. Glaubst du, dass es ihr nicht erlaubt wird oder dass sie es sich selbst nicht erlaubt? **Ich habe das Gefühl, es dreht sich ganz viel um den Mann, auch bei den erwachsenen Kindern.** Ein Patriarch der alten Schule? **Ich weiss es nicht, würde aber eher behaupten, er ist der Hilfloseste und wirkt damit bestimmend. Eine ganz spannende Dynamik.** In systemischer Sichtweise wird der Mensch nicht als losgelöstes Individuum betrachtet, sondern immer als Teil eines Systems. Ein besonderes Augenmerk gilt daher der Dynamik zwischen den einzelnen Mitgliedern dieses Systems, sei es innerhalb einer Paarbeziehung oder innerhalb einer Familie. Astrids Ausbildung zum systemisch-konstruktivistischen Coach kommt ihr für die Hospizarbeit sehr zugute. Wo konntest du diese Dynamik beobachten, frage ich weiter. **Beim Erstgespräch habe ich den behandelnden Arzt, einen Chirurgen im Krankenhaus, Frau Langer, ihren Gatten und den Sohn kennengelernt. Sie hatte eine große Darmoperation hinter sich und war recht geschwächt. Der Arzt nahm mich nach dem Gespräch beiseite und meinte: „Wir werden wohl eine Chemo anbieten, des Mannes wegen. Er und die Kinder halten es ohne Therapie nicht aus."** Ich bin perplex. Wie kann das der Frau nur angetan werden! Die Nebenwirkungen einer Chemotherapie können schrecklich sein. Wie ging es weiter? **Sie hat diese Chemo im Krankenhaus bekommen, ein Mal pro Woche ambulant. An den anderen Tagen kam sie zu uns. Während dieses Chemozyklus ist sie schwächer geworden und der Auftrag an uns war, sie wieder zu stärken, was auch gelungen ist. Durch den nächsten Chemozyklus mit voller Dosis fiel sie jedoch in einen Zustand der Agonie. Wir haben darauf hin mit ihr und ihrem Mann ganz offen besprochen, dass sie bald sterben könnte. Sie hat dann gesagt: „Ich möchte zu Hause sein." Wir haben ihr angeboten: „Wenn Sie daheim bleiben möchten, werden wir Sie begleiten." Und dem Gatten haben wir gesagt, dass wir ihm beistehen, ganz gleich, wie er sich entscheidet. Ob er mit ihr**

zu Hause sein möchte oder sie im Krankenhaus aufnehmen lässt. Er hat sich am übernächsten Tag entschieden, sie im Krankenhaus aufnehmen zu lassen. Dort ist die Chemo abgebrochen worden und sie ist durch aufbauende künstliche Ernährung wieder zu Kräften gekommen. Zwei Welten prallen aufeinander. Die Familie will mittels kurativer, auf Heilung ausgerichteter Medizin gegen die Krebserkrankung kämpfen und das Hospiz will mit seinem palliativen, auf Linderung der Symptome zielenden Ansatz der Patientin Lebensqualität trotz und mit der unheilbaren Krankheit ermöglichen. Was habt ihr als Hospizteam empfohlen? **Wir haben uns für eine große Pause zwischen den Chemozyklen eingesetzt. Wenn sie in Ruhe gelassen wird, dann kann sie noch lange leben. Viele Monate. Unter der ersten Chemo ist der Tumor um einen Zentimeter kleiner geworden und das wurde als Erfolg verbucht – bei einem Tumor, der so groß war, dass man ihn nicht operieren konnte. Dafür ging es ihr dermaßen schlecht, dass sie nicht mehr essen konnte. Stell dir vor, unter dem zweiten Chemozyklus ist der Tumor sogar gewachsen! Die Ärzte haben operativ einen Umgehungskreislauf gemacht, das heißt den Darm um den Tumor herum entfernt, um den Tumor totzustellen. Frau Langer ist sehr dünn, ein Hauch, vielleicht 40 kg. Aber es geht ihr gut, sie kann lachen.** Die Palliativmedizin steht der Chemotherapie nicht grundsätzlich ablehnend gegenüber, setzt sie sogar selbst ein. Jedoch unter der Prämisse, dass damit Leid gelindert und Lebensqualität erhöht wird. Der vielleicht entscheidende Unterschied zur klassischen Schulmedizin: Die Krankheit wird als unheilbar akzeptiert und damit auch, dass sie zum Tod führen kann. Nicht der Krebs, sondern die Bedürfnisse des Menschen stehen im Mittelpunkt. Was haben sich die Angehörigen von der Therapie erhofft? **Ich glaube, die blendeten weg, dass die Frau und Mutter an der Erkrankung sterben kann. Jetzt sagen die Angehörigen: „Sehen Sie, es geht ihr wieder gut. Sie hätten sie fallen gelassen."** Eine heikle Situation. Ein Charakteristikum für die Aufnahme in die Hospizbetreuung ist die eigene freie Entscheidung der Betroffenen. Es ist hilfreich, wenn auch die Angehörigen zustimmen, aber sie dürfen nicht stellvertretend für die Erkrankten die Entscheidung treffen. Der Idealfall: Die Angehörigen wollen dasselbe wie die Erkrankten. Nicht so bei dieser Familie. Was will Frau Langer selbst? **Sie hat einmal etwas explizit gewollt und gesagt: „Lasst mich doch zu Hause!" Wir haben das ernst genommen und sind ihrem Pfad gefolgt. Doch: Wir leben unser Leben nicht allein und wir sterben auch nicht unseren eigenen Tod. Kann ja auch im guten Sinne sein. Das heißt, der Primärauftrag erfolgt durch die Erkrankte. Auch auf die Gefahr hin, dass sie stirbt. Jetzt macht sie übrigens uns als Hospizteam den Vorwurf, dass wir ihren Willen ernst genommen haben.**

Würde als Herausforderung. Ein Dilemma für alle, auch für das behandelnde Team. Ein klassischer Fall für die Supervision. Das

Ergebnis laut Astrid: **Allen die Würde zu lassen heißt, sie und das ganze Familiensystem nicht erziehen zu wollen.** Das heißt, zu akzeptieren, was ist, ergänze ich. In meiner Diktion bedeutet das Respekt. Respekt, andere in ihrem Sosein anzunehmen, im Wissen darum, dass ich niemanden ändern kann – außer mich selbst. Respekt, als etwas, das ich aktiv jemand entgegenbringe und ihm oder ihr dadurch ihre Würde belasse. **Für mich ist Würde kein leeres Wort,** betont Astrid. **Die Würde des Menschen ist unantastbar. Ohne Respekt keine Würde.** Ich denke noch über die enorme Bedeutung von Supervision nach. Wir sind uns einig, wie wichtig diese externe Unterstützung im psychosozialen Bereich sein kann. Die Chance, mit Hilfe einer außenstehenden Person, üblicherweise einem Psychotherapeuten oder einer Psychotherapeutin, neue Einsichten zu gewinnen. Wie das Wort Supervision ja schon beinhaltet: etwas von oben anzuschauen. Bereits diese Sichtweise kann bei den „Innenstehenden" einen Perspektivenwechsel anregen. Im Fall dieser Familie im Tageshopiz der Hospiz-Bewegung Salzburg ermöglichte die Supervision dem Team, seinen Behandlungsvorschlag vollständig loszulassen, das heißt neutral und wertfrei in Hinblick auf die Vorgangsweise oder „Lösung" der Familie zu sein. Offen bleibt für mich, sage ich zu Astrid, jedoch der Auftrag. Was tun, wenn die Erkrankte selbst keine eigenen Wünsche äußert? **Ja, genau da beginnt das Dilemma.** Astrid fasst zusammen, welche Vorgangsweise jetzt geplant sei: Eine Familienkonferenz mit den Zielen, einen Strich machen zu können unter den Vorwurf „fallen gelassen", die nächsten Wochen zu planen und Regeln vorzugeben. Denn die Kommunikation zwischen Angehörigen und Hospizteam habe sich in letzter Zeit ziemlich mühevoll gestaltet. Anders der Kontakt mit Frau Langer selbst. **Sie ist gerne bei uns im Tageshospiz. Die erste Zeit waren oft der Sohn oder die Tochter mit dabei, zum Nachteil für die Mutter. Sie konnte sich dadurch nicht wirklich entspannen und erholen. Meine Hypothese: Die Angehörigen sind so haltlos.** Wodurch bekommen sie deinem Eindruck nach Halt oder wer gibt Halt? **Ich glaube die Mutter. Sie hat allen in ihrer Familie Sicherheit gegeben, sie war der ruhende Pol. Würde heißt auch, von anderen nicht etwas verlangen, was sie nicht leisten können.** Was braucht es von dir dazu, um das zu gewähren? **Dazu kann ich dir etwas Spannendes erzählen,** meint Astrid lachend. **Als ich Frau Langer nach dem letzten Krankenhausaufenthalt zum ersten Mal sah, hörte ich auf mein Herz. Ich hatte einfach Freude, sie wieder zu sehen und wir haben uns spontan umarmt.** Ich bin berührt von dieser Geste. Ein Ding der Unmöglichkeit, wenn Astrid noch an ihren Vorstellungen gehangen wäre. Das hättest du nie vermocht, erwidere ich nachdenklich, wenn du nicht längst deine Bewertung „bekloppte Entscheidungen" in aller Tiefe revidiert gehabt hättest. **Weißt du, dem Herzen ist das eigentlich wurscht. Würde hat auch mit dem Herzen zu tun. Schlussendlich kann ich mich doch nur darüber freuen, wenn jemand lebt.** Mit dieser positiven Wendung beenden wir auch unser Telefonat. Herz vor Verstand, Freude statt Bewertung. Wieder einmal ist für mich signifikant, wie diametral entgegengesetzt die Werte im Palliativbereich zur Mehrheit der Gesellschaft stehen.

Uriel

Schwarzer Schatten
Schwingen voller Kraft
Majestätisch erhebst du dich
Vor mir

Wer bist du
Wohin blickst du
Schönes Wesen
Aus einer anderen Welt

Hab keine Angst
Uriel lautet mein Name
Ich verkünde
Gott ist Licht

Licht ohne Ende
Vollkommene Freude
Liebe bedingungslos
Fülle in Leichtigkeit

HERBST

Schwarz

Schwarze Kleidung gilt in unserem Kulturkreis als angemessen für Trauer und Tod. Ich persönlich trage gerne schwarz – wie viele KünstlerInnen, PhilosophInnen und PsychoanalytikerInnen – signalisiert diese „Nicht"-Farbe doch auch Eleganz, Individualität und Stärke. Für meinen Kinofilm habe ich jedoch bewusst eindeutig positiv konnotierte Farben gewählt. Auf Plakat und Folder dominieren kräftiges Gelb und Hellblau, um zu signalisieren: Es geht um das Leben. Gestern Abend wurde „Zeit zu gehen" im ORF Fernsehen gezeigt. In der Reihe „doc.film" in der Nacht von Sonntag auf Montag. Um 9 Uhr früh erhalte ich eine SMS von meiner Jugendliebe. „Guten Morgen Anita! Bin ganz betroffen von Deinem Film – super gemacht, bin stolz auf Dich!" Ich freue mich über das Feedback und rufe an. „Verstörend" sei der Film gewesen, erfahre ich in aller Eile, knapp vor dem Beginn einer Sitzung.

Verstörend? *Media vita in morte sumus,* assoziiere ich nach dem Telefonat. *Mitten im Leben sind wir vom Tod umfangen* – Verse eines frühmittelalterlichen Kirchenlieds, von Martin Luther ins Deutsche übertragen. Ich habe mir ja einen anderen Zugang zu dieser Thematik im Laufe der Jahre „erarbeitet" oder ihn viel eher „gefunden". Für viele vermag der Begriff „verstörend", ein psychotherapeutischer Fachterminus, das Phänomen jedoch gut zu treffen. Der Tod stört die Ordnung, durchbricht den Alltag und ist dennoch ein permanenter Bestandteil unseres Lebens. Lediglich gut gehütet, wie ein großes Geheimnis oder vielmehr verdrängt, an den Rand geschoben, aus dem Bewusstsein gestrichen. Ein Tabu eben.

Das war jedoch nicht immer so. Im Mittelalter galt weithin das christliche *Memento mori – Mensch, gedenke des Todes*. Nicht nur, weil die Pest wütete, Kriege zum Alltag gehörten und die Lebenserwartung erheblich kürzer ausfiel als heute. Sterben war einfach ständig in der Umgebung präsent. Auch hierzulande wurde noch vor zwei Generationen der Brauch praktiziert, Verstorbene zu Hause aufzubahren. Alle aus dem Dorf kamen sich verabschieden, auch die Kinder. Den Toten sehen, in seiner Gegenwart über ihn sprechen, beten, essen und trinken – hilfreiche Handlungen für den Trauerprozess. Heute ist der Tod zumeist an Institutionen wie Krankenhäuser und Pflegeheime delegiert, werden Verstorbene oft unverabschiedet der Bestattung übergeben. Tod und Tote haben in einer auf Leistung orientierten Welt keinen Platz. Religion bietet nur noch für manche einen Sinnrahmen, der dem Tod eine Bedeutung zu geben vermag und den Abschied mit Ritualen zu vollziehen erleichtert. Der „Zeitgeist" erschwert es, den Tod als zum Leben gehörend zu erfahren und zu betrachten. Der Text des berühmten Kirchenlieds verbindet in wenigen Worten – *mitten im Leben sind wir vom Tod umfangen* – das, was künstlich getrennt wird. Es könnte auch umgekehrt lauten: *Mitten im Tod sind wir vom Leben umfangen*. Ja, es klingt für mich sogar zärtlich. Umfangen, wie vom Geliebten umarmt. Ein Plädoyer für eine etwas andere Sicht. Viele Menschen, die mit dem Verlust eines nahen Angehörigen konfrontiert waren, wissen darum. So schrieb eine Zuseherin von „Zeit zu gehen" an das CS Hospiz Rennweg eine E-Mail. Mit Erlaubnis der Verfasserin sei sie hier widergegeben:

Sehr geehrtes Team des CS Hospiz Rennweg!

Ich habe gestern die Dokumentation über Ihre Institution gesehen. Am Anfang wusste ich nicht, ob ich es „aushalte" oder nicht! Ob ich mich damit konfrontieren kann. Am Ende des Films war ich sehr froh, dass ich nicht weggeschaltet habe. Und ich war auch nicht traurig, wie ich mir am Anfang gedacht habe. Berührt würde ich eher sagen.
Es ist wunderschön, wie Sie mit der unausweichlichen Tatsache des Todes umgehen. Wie würdevoll die Menschen bei Ihnen behandelt werden. Einfach wunderschön. Ich möchte mich sehr herzlich bei Ihnen bedanken, dass Sie mir diesen intimen Einblick gewährt haben. Ein Hospiz hat für mich nun eine ganz andere, positive Bedeutung bekommen.
Ich selbst habe mit meiner Familie unsere Oma zuhause bis zu ihrem Tod betreut. Das war eine schwere Zeit, die ich aber nicht missen möchte. Ich war sehr froh, dass ich dabei war und alles miterleben konnte. Der Schrecken des Sterbens hat damit für mich an Bedeutung verloren. Es ist schwer, aber je offener man damit umgehen kann, desto leichter wird es einem wahrscheinlich selbst einmal fallen, Abschied zu nehmen!

Mich hat diese E-Mail einer mir Unbekannten berührt. Die Offenheit, mit der sie in wenigen Sätzen alles auf den Punkt bringt, wie sie private Erfahrungen und persönliche Gefühle mitteilt und sich damit als verletzlich und zugleich als stark zeigt. Ein Phänomen, das mir gerade bei diesem Thema immer wieder positiv aufgefallen ist. Wenn im Kinosaal einander Fremde höchst „intime" Erfahrungen mit dem Tod eines geliebten Menschen quasi öffentlich mitteilten, ohne dass ich es je als selbstentblößend oder selbstdarstellerisch erlebt habe. Im Gegenteil. Wer diese Art von Verletzung und Schmerz erfahren hat und gelernt hat, damit umzugehen, kommt gestärkt heraus. Es ist eine Stärke, die Schwachheit anzunehmen weiß, wenn Verwundbarkeit, Krankheit, Sterblichkeit überhaupt als Schwäche zu bezeichnen sind. In gängigen Wertungen einer Leistungsgesellschaft zumindest gelten sie als solche. Aus meiner Sicht jedoch eröffnet erst die Annahme dieser nicht so geliebten, ja abgelehnten Seiten des menschlichen Daseins einen Blick auf die Ganzheit. Stark und schwach, Festhalten und Loslassen, Leben und Tod sind wie die zwei Seiten einer Medaille. Sie gehören zusammen, sind untrennbar miteinander verbunden. Was wäre die Lust in der Sexualität, ohne loslassen zu können? Wie könnten wir Stärke genießen, wenn wir nicht auch Schwäche erlebten? Was wäre der Wert von Gesundheit, ohne ihre Abwesenheit oder ihr Gegenteil, die Krankheit? So schmerzhaft es auch für den einzelnen sein mag und als Schattenseite unserer irdischen Existenz erfahren werden kann. Als Bürde des körperlichen Daseins, dessen Vorteile zumeist als selbstverständlich betrachtet werden.

Als Psychotherapeutin beobachte und erlebe ich immer wieder, dass es keineswegs selbstverständlich ist, die so genannten positiven Seiten der Leiblichkeit schätzen zu können. Das Geschenk des Körpers: fünf Sinne, um das Leben in seiner Vielfalt riechend, schmeckend, sehend, hörend und fühlend wahrnehmen zu können. Ein Geschenk, das oft nicht in seiner Fülle angenommen und ausgekostet wird. Hier setzt für mich Lebenskunst an. Lernen zu genießen und das für sich und andere stimmige Maß zu finden. Sich alles zu erlauben, sei es ein Stück Brot oder Schokolade, ein Glas Wasser oder Wein, die Lust an körperlicher Bewegung ebenso wie an Erotik und Sexualität, die Freude an der Schönheit von Natur und Kunst. Leben mit allen Sinnen, das ist die Chance des Daseins auf dieser Welt. Eine Chance, die stets im Jetzt erfolgt. Anders ist es nicht möglich. Je mehr ich lerne, im Hier und Jetzt, im Augenblick zu sein, desto präsenter bin ich. Leben und Lebendigkeit sind nur von Moment zu Moment erfahrbar.

Das klingt sehr einfach, ist es jedoch oft nicht. Wer in Gedanken der Vergangenheit verhaftet ist oder mit Fantasien in der Zukunft weilt, läuft Gefahr, sein eigenes Leben zu versäumen. Menschen, die an einer schweren oder unheilbaren Krankheit leiden, betonen oft: „Jetzt erst lebe ich wirklich." Was meinen sie damit? Ich würde es so beschreiben: Sie sind in der Gegenwart angekommen, leben und genießen – soweit es ihre körperliche Verfassung erlaubt – jeden Moment so intensiv, wie nur möglich. Und was ist die Gegenwart? Nichts anderes als die Ewigkeit. Oder um es mit den Worten des großen österreichischen Philosophen Ludwig Wittgenstein zu benennen: *Wenn man unter Ewigkeit nicht unendliche Zeitdauer, sondern Unzeitlichkeit versteht, dann lebt der ewig, der in der Gegenwart lebt.*

Astrid Leßmann

Sterben

Freitag, 19 Uhr 30. Astrids Stimme klingt heute energiegeladen. **Ich bin eben vom Kreistanzen zurückgekommen,** erzählt sie fröhlich. **Zuerst habe ich gedacht, ich bin zu erschöpft, ich kann mich gar nicht auf die Schritte konzentrieren. Aber das Tanzen ist wirklich ein Heilmittel! Üblicherweise stehe ich nicht so auf das Folkloristische, aber danach geht es mir immer viel besser.** Ich freue mich, dass Astrid nach einer anstrengenden Arbeitswoche dermaßen erfrischt wirkt. Schöne Musik hilft ja vielen Menschen, auf der Seelenebene Kraft zu schöpfen. Was wurde gespielt? **Griechische, israelische, rumänische Lieder. Es sind zum Teil uralte Tänze und du spürst, welche Bedeutung sie einst hatten. Das spürst du heute noch.** Vor meinem inneren Auge tauchen mittelalterliche Darstellungen auf. Erst unlängst habe ich den Totentanz in der Marienkirche in Lübeck bewundert. Er zeigt VertreterInnen aller Stände im Tanz mit dem Tod vor der Kulisse der norddeutschen Hansestadt. Vom Papst und vom Kaiser bis hin zum Mädchen und Säugling in der Wiege. Merkwürdig. Der Tod tanzt. Und wie! Schwungvoll, leidenschaftlich, verführerisch ergreift er die Hand, das Gewand der Menschen. Auch ein Kreistanz, in gewisser Weise. Tanzen und Sterben – ein spannender Kontrast.

Immer wieder höre ich, wie Euthanasie, Sterbehilfe und Sterbebegleitung verwechselt werden. Der Begriff Euthanasie kommt aus dem Griechischen (euthanatos) und meint „ein guter (schöner, leichter) Tod". Das NS-Regime bezeichnete – in zynischer Verdrehung der ursprünglichen Bedeutung – mit dem Wort Euthanasie den systematischen Massenmord an psychisch kranken und mental oder körperlich beeinträchtigten Menschen. Stichwort: „unwertes Leben". Heute ist der Begriff Euthanasie für Sterbehilfe gebräuchlich. Im engeren Sinne für die aktive Sterbehilfe, das heißt für die aktive Beendigung des Lebens auf Wunsch des Betroffenen, die Tötung auf Verlangen. In Österreich und Deutschland ist die aktive Sterbehilfe verboten und strafbar. Hingegen ist eine Sonderform der aktiven Sterbehilfe in Deutschland erlaubt, nämlich der assistierte Suizid, die Beihilfe zum Selbstmord. Im Unterschied zur aktiven Sterbehilfe bedeutet passive Sterbehilfe das Unterlassen oder den Abbruch lebensverlängernder Maßnahmen mit Einverständnis des unheilbar kranken Menschen. Indirekte Sterbehilfe wiederum meint das unbeabsichtigte Töten eines Menschen als Folge einer Therapie, die der Linderung von Beschwerden dient, aber nicht die Beendigung des Lebens zum Ziel hat. Dieser Effekt wird oft fälschlicherweise dem Schmerzmittel Morphium zugeschrieben, was jedoch nach neuestem Stand der Wissenschaft unzutreffend ist.

Die Hospizbewegung lehnt die aktive Sterbehilfe in jeder Form ausdrücklich ab. Sie fordert und fördert Sterbebegleitung im Sinne von Lebensbegleitung, sprich eine ganzheitliche Betreuung, die ein Leben in Würde bis zuletzt ermöglicht. Sterben wird als natürlicher Prozess gesehen und der Tod als Teil des Lebens angenommen. Frage an Astrid: Verstehst du dich als Sterbebegleiterin? **Ich glaube eher, wir sind Sterbebeobachter. Ich beobachte das Sterben, aber ich begleite den Menschen. Weißt du, den Menschen zu begleiten heißt, eine Beziehung zu knüpfen, mit ihm sich auf das Leben zu beziehen. Das Sterben ist ein Lebensabschnitt wie Kindheit, Pubertät und Reife auch. Also begleite ich nicht den Abschnitt, sondern ich begleite den Menschen. Daher die Differenzierung. Wir lernen ja aus der Beobachtung und Wahrnehmung sehr viel von denen, die uns vorausgehen, die vor uns schon erwachsen sind, die in der Blüte, in der Reife und dann im letzten Lebensabschnitt sind. Ich glaube, dass wir oft nachahmen und auch Vorbilder haben.** Dem kann ich nur beipflichten. Für mich ist meine Großmutter mütterlicherseits ein leuchtendes Vorbild. Zum einen blickte sie aufrecht und mutig ihrem Sterben entgegen. Zum anderen hatte sie alles geregelt bis hin zu einer To-do-Liste für die Erledigungen nach dem Eintreten ihres Todes rund um das Begräbnis. Was mich besonders berührt hatte, war ein Brief, den sie mir kurz vor ihrem Tod geschrieben hatte. Ihre Handschrift – mit 89 Jahren und krebskrank – genauso klar und schön wie eh und je. Geburtstagsglückwünsche samt Geldbeilage. Mein Geburtstag war jedoch erst drei Wochen nach ihrem Tod. Natürlich bin ich neugierig, wer für Astrid ein Vorbild in puncto Sterben ist. **Für mich sind die Menschen Vorbilder, die Ruhe ausstrahlen in der Sterbephase. Das bewundere ich. Es hat etwas Gütiges, mit sich, mit dem**

Gelebten, mit den Angehörigen. Die Güte gibt einen tiefen Atem. Das bewundere ich, das lerne ich, dafür bin ich dankbar. Ich bin so stolz, dass ich da teilnehmen darf, zuhören kann. Auch ich habe es im Hospiz als etwas Außergewöhnliches erlebt, Anteil nehmen zu dürfen an den letzten Lebenstagen und -stunden. Ein Geschenk. Doch im Wissen darum, dass jeder Mensch sich seine Wirklichkeit konstruiert, sprich, dass alle die scheinbar selbe Situation unterschiedlich erleben (ein wundervolles Beispiel schildert Thornton Wilder in seinem Roman „Die Brücke von San Luis Rey"), frage ich weiter. Was ist für dich das Besondere, Menschen in der Sterbephase zu begleiten? **Es ist etwas Einmaliges. Und noch viel mehr, aber schwer in Worte zu fassen. Ich spüre, wenn das Leben des anderen zu Ende geht. Ich spüre es in mir wie ein tiefes Durchatmen, dann wird es leicht und dann weiß ich, ab jetzt ist es möglich, dass der Mensch stirbt.** Astrid und ich schweigen gemeinsam. Bevor ich eine Frage stellen kann, setzt sie fort.

Mir fällt dazu eine ältere Dame ein, knapp über 80. Sie lebte allein in einer schönen Altbauwohnung im 2. Wiener Gemeindebezirk. Ich kam mit Ingrid zu ihr. Ingrid war damals als meine Nachfolgerin gerade in der Einarbeitungsphase. Wie ich sie kenne, kann sie dir sicher noch den Namen der Dame sagen. Ich merke mir so etwas nicht. Astrid lacht dabei über sich selbst. Eine Fähigkeit, die ich an ihr überaus schätze. **Bei diesem Besuch war ich jedoch allein. Die Frau**

lag in ihrem Krankenbett im Wohnzimmer, nein, jetzt taucht das Bild auf, sie lag auf ihrem Sofa – wir Krankenschwestern haben ja so viele Bettgeschichten! Jetzt lachen wir gemeinsam. **Es war ein hohes altes Sofa, vis-à-vis einer großen Fensterbank mit vielen Topfpflanzen. Sie schaute zu den Blumen und lächelte dann, aus einer Ruhe heraus. Sie hatte einen ganz furchtbaren Scheidentumor, die alte Dame. Gott sei Dank haben wir etwas Linderndes gefunden. Ich sage: „Ich sehe, dass Sie lächeln und zu den Pflanzen schauen. Was denken Sie?" „Wissen Sie", antwortet sie, „ich bin heute mit ganz anderen Dingen glücklich als früher. Sehen Sie da die Pflanzen, die sind doch so schön. Das ist mir früher gar nicht aufgefallen." Ich hatte das Gefühl, sie ist eins mit den Pflanzen. Ich glaube, sie hat begriffen, was Pflanzen sind. Viele Menschen reden über Erleuchtung. Manchmal denke ich mir, man müsste nur genau hinschauen. Sie war erleuchtet in dem Moment. Das ging mir ganz nahe.** Ein Stück Mystik mitten im Alltag. Der Tropfen im Ozean, der weiß, dass er ein Tropfen ist. Sehen mit allen Sinnen, mit dem ganzen Sein. Ein kostbarer Augenblick außerhalb der Zeit. Ewigkeit als Zeitlosigkeit. Doch eingebunden in die irdische Existenz, tickt die Zeituhr unaufhörlich weiter. **Die Erkrankung nimmt ihren Lauf und frisst den Körper auf. Das hat der Krebs so an sich,** meint Astrid lakonisch. **Einmal waren von ihrer Familie zwei Personen anwesend**

sowie Ingrid und ich. Die alte Dame liegt wieder auf diesem Sofa in dem großen Zimmer, wir stehen schräg gegenüber und besprechen, was ihnen bevorsteht. Und plötzlich wird es so licht. Ingrid hat das auch gespürt. Alles wird leicht, beschwingt, und die alte Dame auch, wie bei diesem Hin- und Herschwingen mit den Blumen ein paar Tage zuvor. Ich sehe die Szene plastisch vor mir, auch wenn ich selbst diese Erfahrung noch nie machen konnte, geschweige denn filmen. Wie ein helles Leuchten auf den Antlitzen. War das auch optisch wahrnehmbar oder mehr ein Gefühl von dir? **Das ist wie glücklich sein oder vielleicht wie viel mehr. Ein Gefühl, als sei es wirklich entschieden hier auf Erden. Ich finde es ganz spannend, wir entscheiden so viel in unserem Leben: Was koche ich, was ziehe ich an, die großen und die kleinen Dinge. Heirate ich oder nicht, nehme ich diesen Job an oder nicht. Es geht immer wieder darum, ein Ja zu finden oder ein Nein, um zu etwas anderem wieder Ja zu sagen. Dann ist das vorbei. Das ewige Zweifeln ist weg, ob's denn richtig, angemessen war. Man muss nichts mehr entscheiden, es ist alles gut.** War dieses Gefühl auch in ihrem Gesicht zu erkennen? **Ja, bei uns allen!** Wie die Schwingung auf einer Oktave höher, assoziiere ich laut. Und wie ging es weiter? **Bei den Angehörigen war die Angst gelindert. Das ist die Phase, in der ich ihnen sage: „Ab jetzt ist es möglich, dass sie jederzeit stirbt."**

Und die alte Dame ist am nächsten Tag daheim gestorben.

Ingrid und ich sind nach diesem Besuch ein wunderbares Eis in der Innenstadt essen gegangen. Ingwer-Zitronengras, das gab es nur kurze Zeit, das weiß ich noch. So ist das eben im Leben mit den glücklichen Momenten. Wie mit dem Eis. Für mich war es sehr schön, dass Ingrid das auch so gespürt hat. Kommunikation mit anderen, Austausch im Team ist im Hospizbereich selbstverständlich und zugleich überlebensnotwendig. Einzelkämpfertum unmöglich. Das große Leid, die zahlreichen Abschiede sind nur gemeinsam auszuhalten. Ein Stück Gegenwelt zu dem, was in einer auf Leistung, Profit und Effizienz orientierten Gesellschaft zählt. Zugleich auch ein Kontrast zu dem, was viele von ihrem beruflichen Alltag her kennen. Konkurrenz, Neid, Intrigen, Mobbying. Ich habe selbst in fast zwei Jahrzehnten Medienbranche erlebt, was hartes Pflaster bedeutet und beobachtet, wie es prägen kann. Wie Astrid wohl durch ihre besonderen Erfahrungen geprägt ist? Inwiefern haben solche Erlebnisse deine eigene Einstellung zum Sterben verändert? **Ich glaube eher, meine Einstellung zum Sterben entwickelt sich. Aber ich habe durch diese Erfahrungen vielen Sterbenden Angst nehmen können. Wenn wir uns unterhalten, sage ich: „Ich bin selbst noch nicht gestorben, aber ich war öfters schon dabei." Und dann erzähle ich und das hilft ihnen.** Das finde ich steil, dass du Sterbenden von anderen Sterbenden erzählst, rutscht mir ganz salopp heraus.

Cool, gell? Wenn man in Urlaub fährt, erzählt man auch anderen davon. Unlängst hat eine Frau im Tageshospiz zu mir gesagt: „Ich sehe oft, die anderen sterben so leicht und bei mir ist das so schwer." Dann habe ich sie gefragt, wie sie denn darauf komme. Und sie hat gemeint: „Die sind immer da und lächeln und dann sind sie weg und gestorben." Wie in anderen Hospizen auch wird im Tageshospiz der Hospiz-Bewegung Salzburg für jeden verstorbenen Menschen eine Kerze entzündet. Ein für alle sichtbares Zeichen. **Diese Frau, sie war 51 Jahre alt, hat dann formuliert: „Vielleicht muss ich besser loslassen können." Ich habe geantwortet: „Loslassen und Müssen, das sind zwei Begriffe, die sich nicht so gut die Hände reichen." Dann hat sie mich gefragt, wie man denn loslässt, und ich habe gesagt: „Na ja, für mein Verstehen hat Loslassen eher was mit Zufriedenheit zu tun als mit Müssen. Mit Frieden." Dann war es still zwischen uns. Sie hat nur zustimmend genickt. Etwas später hat sie gesagt: „Ich möchte noch einmal so richtig glücklich sein!"** Hatte sie noch die Möglichkeit dazu? **Ich weiß es nicht. Das war ihr letzter Besuch bei uns, an einem Montag. Am Donnerstag ist sie gestorben.**

Ich stelle mir diese Frau vor, nur ein paar Jahre älter als ich. Wie viele Sehnsüchte wohl noch hochgekommen sein mögen, wie viel ungelebtes Leben, unerfüllte Träume. Gerade Jüngere leiden oft darunter, das habe ich selbst im Hospiz erfahren. Mir ging das immer sehr nahe. Meine persönliche Konsequenz: Mutig meine Herzenswünsche zu verwirklichen und nichts Wichtiges zu vertagen. Zeit zu leben – jetzt. So die Kurzfassung. Was aber bedeutet es für Astrid? Wenn du so etwas hörst und erlebst, will ich von ihr wissen, veränderst du dann deinen Alltag, dein Leben? Was hat sich für dich durch diese Erfahrungen geändert? **Wer weiß das schon, ob ich sonst anders gelebt hätte! Aber ich merke, wie viel Sehnsucht ich habe, alles fühlen zu können, was mir begegnet. Das ist die schöne Seite an diesen Begegnungen, solche Gespräche, aber ihre unendliche Traurigkeit zu sehen, was alles nicht mehr geht, das habe ich auch in mir. Diese vielen, doch zum Teil entstellten Körper, durch die Erkrankung und Behandlung, das habe ich auch in mir, und die Trauer von den Angehörigen und die Verzweiflung habe ich auch in mir.** Das heißt, dass du auch ein Stück mitstirbst. **Ja. Ich habe bei jedem Menschen, mit dem Beziehung entstanden ist, ein Stück Angst, wie das für mich sein wird, wenn dieser Mensch stirbt, wenn er auch wieder weg ist, der, mit dem ich gelacht habe, den ich gepflegt habe. Da bin ich Begleiterin.** An dieser Stelle unterbreche ich kurz unser intensives Gespräch. Der regelmäßig wiederkehrende Signalton meines Mobiltelefons erinnert mich unüberhörbar, dass der Akku bald leer sein wird. Ein paar Handgriffe genügen. Das Handy hängt am Stromnetz und wir können weiter telefonieren. Was fehlt noch zum Thema Sterben? **Dass noch jemand Neuer kommt.** Jetzt lache ich. Mit dieser Antwort habe ich wirklich nicht gerechnet. **Ich**

kann das aushalten, weil wieder ein Neuer oder eine Neue kommt. Ist doch verrückt! Sich immer wieder neu einzulassen auf das Wagnis Leben und vor allem auf das Wagnis Fühlen. Ist es für dich so etwas wie ein spirituelles, religiöses Erlebnis, wenn jemand stirbt? **Ja, die Erde ist bestimmt ziemlich klein im Verhältnis zum Himmel. Menschen, die schon so leibentrückt sind, die denken oft bereits in anderen Sphären und sagen Sachen, die mir gar nicht schlüssig sind. Andere sagen: „Sie sind verwirrt", aber ich glaube das immer weniger. Für unsere irdische Perspektive mag das stimmen, aber aus ihrer Perspektive mag das einen Sinn haben.** Mein Bild dazu: Du spürst, es schimmert eine andere Sphäre durch. **Ja, das kann ich unterschreiben. Wie in der Abenddämmerung, da schimmert das Licht durch und es muss erst dunkel werden, damit man die Myriaden Sterne sehen kann. Beim Körper geht das Licht aus. Ich glaube, sie sprechen mit den Sternen.** Für mich hört sich das an, als wäre es ein Geschenk, dabei zu sein. Ist das so für dich? **Ja, und es ist ein Geschenk, auch jetzt mit dir zu sein, dir das erzählen zu dürfen. Es ist tief bewegend.** Und was machst du dann mit diesem Bewegenden? **Heute haben wir einen Löwenzahn-Walzer getanzt, einen wirklichen Reigentanz. Er symbolisiert mit den Schritten, dass die Samen wie Fallschirmspringer wegfliegen. Einige von uns haben geweint. Da geht das hin, das tief Be-**

wegende. Der Same, Symbol für neues Leben. **Ja, und der Löwenzahn fliegt ja so klasse. Davor haben wir ein Gedicht von Heinz Ehrhardt gehört, einem der bekanntesten deutschen Komiker. Ein Typ ein bisschen wie der Karl Valentin.** Aus dem tief Bewegten kommt wieder das Lachen. Ist das einer der Gründe, dass in Hospizen so viel gelacht wird? **Ja, es ist wirklich grotesk. Und über was alles! Wir lachen sehr viel. Es gibt auch gute Hospizwitze. Willst du einen?** Ja, bitte. Das ist ein schöner Abschluss. **Bei Johannes Heesters, dem 106-jährigen Schauspieler und Sänger, läutet es an der Tür und der Tod steht davor. Er sagt: „Grüß Gott", dreht sich um und ruft: „Simone, es ist für dich!"** Nota bene: Simone Rethel-Heesters ist 61 Jahre alt.

Ingrid Marth

Abschied

Montag, 2. November 2009. Passend für den heutigen Allerseelen-Tag habe ich Fragen zum Thema Abschiednehmen vorbereitet. Auf dem Esstisch stehen Teeschalen und eine gelbe Kerze. Das Wasser kocht bereits, als Ingrid läutet. Sie kommt direkt von der Arbeit, wirkt fröhlich und energiegeladen. Ein bunter Schal zum exquisiten violetten Pullover verstärkt den Eindruck. Geschenke einer Boutique nach ihrer letzten Modenschau, berichtet sie, während ich den Gen-Maicha Tee aufgieße und drei Minuten ziehen lasse. Wer im Palliativbereich tätig ist, macht permanent Erfahrungen im Abschiednehmen. Wie geht ihr als „Profis" damit um, will ich wissen. Ingrid lacht. **Ja, da kann ich dir ein gutes Beispiel erzählen. Im vergangenen Winter ist eine Patientin gestorben. Franziska Wild, Mitte 60, Magenkrebs. Sie wollte keine künstliche Ernährung, um den Tumor nicht auch zu nähren. Ihre Zwischenrippenräume waren tief eingefallen, sie schaute aus wie ein lebendes Skelett. „Das Schwerste an ihr sind die Haare", hat eine Kollegin gemeint. Frau Wild wog zirka 30 kg und lag schon bei der Übernahme ins CS Hospiz Rennweg im Bett. Wir haben sie drei Monate lang zu Hause betreut. Obwohl wir sie so lange begleitet haben, war ihr Tod für uns alle überraschend. „Jetzt ist Frau Wild doch gestorben", war unsere Reaktion. Sie hat viel länger gelebt als erwartet.** Mir kommt diese Überraschung der erfahrenen MitarbeiterInnen sehr erstaunlich vor. Denn das Mobile Palliativteam Rennweg nimmt durchschnittlich zwei bis drei Mal pro Woche Abschied. Jährlich sterben etwa 130 der von ihnen betreuten Menschen. Wie erklärt Ingrid diese Reaktion auf den Tod von Franziska Wild? Welche Rolle spielt der Faktor Nähe? Denn drei Monate Betreuungszeit gelten bereits als lang. **Sie war von einem Tag auf den anderen präterminal, also kurz vor dem Tod, und wir waren erstaunt. Es kann sein, weil wir ihr so nahe waren oder es sitzt doch die Angst vor dem eigenen Sterben so tief, dass auch wir es geschafft haben, trotzdem wegzuschauen. Für Angehörige ist es sicher noch „überraschender", wenn du als professionelle Begleiterin nicht aussprichst, dass die Lebenszeit jetzt wirklich begrenzt ist, dass der Tod bald eintreten könnte. Wenn sich der schwerst kranke Mensch zurückzieht, ist es unübersehbar, aber nicht so bei Frau Wild. Sie war bis zum Schluss die Chefin im Haus.** Ich erinnere mich an Josefine Steindl, eine der ProtagonistInnen meines Kinofilms. Sie hatte vielleicht auch nur 30 kg, war monatelang bettlägrig, aber willensstark und geistig wach bis zuletzt. Ihre Wünsche, wie zum Beispiel auf die Terrasse geschoben werden zu wollen, äußerte sie unmissverständlich, ebenso ihr Missfallen an einer etwaigen Nachbarin in ihrem Zweibettzimmer. Was für ein Verhalten konnte Ingrid bei Frau Wild beobachten? Ich bitte sie um konkrete Beispiele. **Nach Weihnachten ist sie mit ihrem Mann auf die Turracher Höhe gefahren. Mit der Rettung von Wien nach Kärnten, das hat 1.800 Euro gekostet. Sie wollte noch einmal sehen, wie ihre Kinder und Enkel nach dem Skifahren heimkommen, sie wollte noch einmal mit ihnen die Ferien verbringen. Diese Geschichte hat ihr ganz viel Kraft gegeben. Sie hatte auch noch andere Ziele. Sie wollte ein ausgiebiges Schaumbad genießen, und wir konnten ihr es zwei Mal zu**

Hause ermöglichen. Dafür wurde sie vom ersten Stock ins Badezimmer im Erdgeschoss getragen. Sie selbst hatte gerade noch die Kraft, ihre Zähne zu putzen und kam dabei schon außer Atem. Erstaunlich viel Lebenskraft, erwidere ich. Ich kann mir gut vorstellen, wie Frau Wild aufgeblüht ist beim Pläneschmieden, voller Vorfreude. Ein beeindruckendes Beispiel für Strategien, um Kräfte zu mobilisieren. Etwas unbedingt zu wollen, ein dringender Wunsch. Die Kraft des Wünschens lässt länger leben, das ist immer wieder beobachtbar. Dennoch irritiert mich die Überraschung angesichts des Todes von Franziska Wild und ich komme nochmals darauf zurück. Ingrid hat ja auch die Angst vor dem eigenen Sterben als eine mögliche Komponente genannt. **Aus buddhistischer Sicht sind Tod und Vergänglichkeit sichtbar in allem: im Wechsel von Tag und Nacht, in den Jahreszeiten, in allen Dingen und Gegenständen und auch in mir selbst. Von Geburt an gehen wir auf den Tod zu. Trotzdem schaffe ich es, immer wieder einmal auszuklammern, dass auch ich sterben werde. Trotz meines Berufs. Obwohl ich gedacht habe, dass es mir in Fleisch und Blut übergegangen ist. Aber ich plane nicht wie andere mein ganzes Leben. Ich hänge nicht besonders an materiellen Dingen und lasse mich auch von Angst und Panikmache nicht vereinnahmen. So richtig existentielle Ängste kenne ich nicht.** Ingrids Tonfall ist ruhig, während sie spricht und ihre Aussagen wirken auf mich absolut glaubwürdig. Wenn ich daran denke, wie viele Ängste ich bei KlientInnen oder FreundInnen wahrnehme und bei mir selbst schon entdeckt habe, wie sehr ich mich seit Jahren meinen Ängsten stelle und ums Vertrauen ringe, umso mehr erweckt das Gehörte meine Neugier. Hast du eine Hypothese, woher diese relative Gelassenheit oder geringe Angst bei dir rührt?

Die meisten Menschen haften an der eigenen Person, die als etwas Festes wahrgenommen wird. Das weiß ich aus buddhistischen Texten und Belehrungen. Wir bestehen aus verschiedenen Elementen, aus denen wir zusammengesetzt sind und die sich im Sterbeprozess wieder auflösen. Wir tun uns schwer, diese Vorstellung zuzulassen, nicht oder nicht mehr zu sein. Im Buddhismus heißt es, der Bewusstseinsstrom stirbt nicht, sondern er manifestiert sich neu in einem anderen Körper. Anders könnte ich mir die Wiedergeburt nicht erklären. Einen Seelenbegriff gibt es nicht im Buddhismus. Der Glaube an die Wiedergeburt als ein Weg aus der Angst. Wahrscheinlich wurden genau deshalb die Religionen erfunden, um Antworten auf die großen Fragen des Lebens zu geben: „Woher kommen wir? Wohin gehen wir? Warum sind wir hier?" – so hat es einst der Wiener Alterzbischof DDr. Franz Kardinal König in einem Interview, das ich mit ihm geführt habe, treffend und einfach formuliert. Für mich bedeutet Spiritualität unter anderem, mich immer wieder von der Angst abzuwenden und ins Vertrauen zu gehen. Mich einem Gegenüber anzuvertrauen, wie immer ich es benenne. Gott, das Leben, Sein, meine innere Stimme, das Selbst. Es geht mir weniger um Begrifflichkeiten, sondern ums Tun. Jeder spirituelle Weg bedeutet Praxis und nicht Theorie, heißt aktives Handeln, Üben. Mich immer wieder daran erinnern, dass ich nicht allein auf dieser Welt bin. Immer wieder von neuem vertrauen in einen größeren Zusammenhang, mich getragen fühlen, auf etwas setzen und wissen, dass mein Leben nicht vergebens ist. Was bleibt, sind die Gefühle. Wie ging es dir, frage ich daher Ingrid, nach dem Tod von Frau Wild? **Ich war traurig, als sie gestorben ist. Bei meinem letzten Hausbesuch war sie sehr lebendig, da hatte sie noch so viele Pläne. Leider**

habe ich sie dann nicht mehr gesehen. Auf der Station geht das gut, sich verabschieden zu können. Im CS Hospiz Rennweg ist es üblich, dass die Verstorbenen zumeist noch 24 Stunden auf der Palliativstation verbleiben. Entweder aufgebahrt in ihrem Zimmer oder sie werden mit ihrem Bett in den Meditationsraum geschoben. Chance zum Abschiednehmen für alle. Angehörige erfahren dabei Begleitung und Unterstützung durch das Team. Das Sehen und vielleicht auch Berühren der Verstorbenen erleichtert den Trauerprozess und wird von den meisten als ergreifender Moment erlebt. Während meiner Zeit als Praktikantin habe ich folgende Tagebuchnotiz verfasst:

Heute die erste Verstorbene gesehen. Leicht bange das Zimmer 7 betreten. Schock, Tränen, klamm. Tot. Friede sei mit ihr. Ungläubig schaue ich immer wieder auf den Brustkorb, ob er sich nicht doch bewegt. Weiß die Finger, rote Lilien dazwischen. Erleichtert betrachte ich ihr Gesicht. Friedlich entspannt. Richtig verjüngt schaut sie aus. Keine Spuren des Leids. Keine Krankenhausatmosphäre. Blau das Licht, ein Tuch verhängt die Lampe, Rosen duften, Kerze und Kreuz auf bunten Tüchern neben dem Bett. Frau D. liegt auf dem Rücken, ihr Schultertuch, sicher oft getragen, geliebt, quer über ihr. Aber sie ist nicht da. Zumindest nicht in dieser Hülle. Dazu ist Kontakt nicht möglich. Gute Reise wünsche ich ihr.

Wie Ingrid wohl von Franziska Wild Abschied genommen hat? Wie ging es weiter, frage ich nach. **Wie bei allen Verstorbenen haben wir nach der Information über ihren Tod im Team eine Kerze angezündet. Ich habe die Kollegin, die zuletzt bei ihr war, gefragt, wie es war. Sie hat erzählt, es war gut, sie friedlich und fast ohne Falten zu sehen. Das war ein schönes Bild. Sie**

hat die Verstorbene gemeinsam mit dem Sohn gewaschen und angezogen und er hat ein Foto für seine Schwester gemacht, die nicht dabei sein konnte. Wir haben auch besprochen, wie der Kontakt mit den Angehörigen weitergeht. In den Tagen danach ist mir Frau Wild immer wieder eingefallen. Bei manchen gehe ich auch zum Begräbnis. Mit einem verschmitzten Lächeln setzt Ingrid fort: **Aber nicht in der Dienstzeit.** Bereits die früheste Kulturgeschichte der Menschheit kennt Rituale, um den Übergang von einer Lebensphase zur nächsten zu markieren. So genannte rites de passage. Gemeinschaftliche rituelle Handlungen, die den Übergang erleichtern und Klarheit für alle Beteiligten schaffen. Von der Geburt übers Erwachsenwerden und Heiraten bis hin zum Tod. Heutige traditionelle Feiern, wie auch Begräbnisse, werden jedoch von vielen Menschen als nicht ausreichend hilfreich erlebt. Sie leisten nicht diese kollektive Entlastung, nicht in der seelischen Tiefe und gemeinschaftsfördernden Breitenwirkung, in der sie benötigt würden. Nichtsdestotrotz sind Rituale immens bedeutsam. Im Mobilen Palliativteam Rennweg findet für das Team alle paar Wochen eine Verabschiedungsfeier statt. Die Leitung obliegt der katholischen Seelsorgerin, die Gestaltung ist jedoch überkonfessionell. Eine rituell begangene Form des Abschiednehmens von den Verstorbenen der letzten Wochen mit Texten, Gebeten und Musik und anschließendem gemeinsamen Essen. Trauer braucht Raum. Das weiß ich aus eigener Erfahrung und als Psychotherapeutin. Es ist wichtig, Trauer auszudrücken, sonst erstarrt sie zur Depression. Es ist hilfreich, Tränen fließen zu lassen, sonst versteinert das Herz. Wie geht Ingrid mit diesem Gefühl um? **Trauer ist für mich ein Bauch-Herz-Gefühl und bewirkt Gedanken zwischendurch. Aber ich bleibe nicht hängen. Frau**

Wild wusste genau, dass es bald aus ist. „Es geht dem Ende zu", hat sie noch als Letztes gesagt. Das hört sich vielleicht seltsam an, aber ihr Sterben ist gut gelungen. Sie ist zu Hause im Schlaf eingeschlafen. Für mich ist das ein Trost. Genügt das angesichts der zahlreichen Abschiede, die im Palliativbereich geleistet werden müssen? Emotionale Schwerstarbeit. Eine große Entlastung bietet der verbale Austausch im Team. Gemeinsam lässt es sich leichter tragen. Ich habe noch weitere Formen für meine Trauerarbeit als hilfreich erlebt: Tagebuchnotizen, Briefe an die Verstorbenen, Gebete und selbst erfundene Rituale. Viele Angehörige stellen Fotos zur Erinnerung zu Hause auf und besuchen das Grab. Vor allem das bewusst vollzogene Aussortieren der Dinge der Verstorbenen kann einen symbolischen und zugleich tatkräftigen Aspekt des Abschiednehmens darstellen. Vergleichbares gilt auch für Ingrid. **Ich mache die Archivarbeit im Mobilen Hospiz Rennweg. Für mich ist das eine Form des Abschieds. Ich gehe nochmals die Akten durch und dabei kommen die Erinnerungen hoch und das lasse ich zu. Ich mache es auch gerne. Diese Aufgabe habe ich übrigens von Astrid geerbt und ich wehre mich ein bisschen dagegen, dass sie mir jemanden zur Seite stellen. Für mich ist diese Arbeit eine Art Ritual. Bei Daniel, dem 25-jährigen Klienten, dessen Bezugsbetreuerin ich drei Jahre war, habe ich lange gebraucht, die Akten anzugehen. Ich habe immer noch sein Foto in der Geldbörse. Das Abschiednehmen ist sehr unterschiedlich und abhängig davon, wie lange und vor allem wie intensiv die Begleitung war. Paula Vascova war für mich auch eine sehr intensive Begleitung.** Erlebst du dann die Trauer wie eine graue Wolke über dir? **Nein, ich erfahre dadurch keine Beeinträchtigung für mein eigenes Leben. Nur wenn ich gerade**

vom Tod eines Patienten erfahren habe oder dabei war, merkt mein Partner etwas und dann reden wir auch darüber. Aber sonst sind es eher Momente. Das ist auch bei den Betreuungen so. Ich stelle mich ein, bin da und danach lasse ich wieder los oder bespreche es im Team oder arbeite psychotherapeutisch weiter, wenn etwas ein Thema von mir anklingen lässt. Hospize als Orte, um abschiedlich leben zu lernen. Eine Kunst, die in unserer gegenwärtigen Gesellschaft wenig geübt wird. Für Ingrid und mich ist jetzt auch der Abschied gekommen, jedoch ein leichter. Sie fährt zu ihrem wöchentlichen Qi Gong Kurs und wir freuen uns auf ein baldiges Wiedersehen.

Tod

Donnerstag, 18 Uhr. Astrid klingt müde und erschöpft, als ich anrufe. Ihre Stimme nicht so hell wie sonst. **Weißt du, ich fühle mich total gerädert,** bestätigt sie meinen Eindruck, **ich bin sehr, sehr traurig. Heute ist eine Dame gestorben, die ich wirklich gern hatte und gestern ein Mann, den wir eineinhalb Jahre lang betreut haben.** Ich spüre über die Entfernung, wie ihr Herz schwer ist. Konntest du heute schon etwas für dich tun, will ich wissen. **Ja, ich habe mit Anna, das ist der Hund meiner Nachbarin, einen langen Spaziergang gemacht und später werde ich mir etwas Schönes zum Essen richten. Es braucht einfach Zeit.** Die Herausforderung ihres Berufs: gut für sich selbst zu sorgen. Sich Zeit zu lassen und zu nehmen, Mitgefühl für sich selbst zu entwickeln und aktiv Kräfte zu tanken. Selbstliebe in aller Radikalität. Das Telefonat mit mir wolle sie dennoch nicht verschieben. Folglich stelle ich ohne Umschweife die erste Frage: Woher weißt du, dass jemand tot ist?

Vor Jahren hat mich eine Frau im Büro angerufen, ich war damals noch im CS Hospiz Rennweg. Sie sei selbst Ärztin und ihr Vater sterbend daheim und ihre Mutter auch zugegen. Sie würde jemand von unserem Team dazubitten, ob sie

denn für ihren Vater alles gut arrangiert hätte, sie wolle nichts vergessen und ihm die Situation leicht machen. Und so kam ich dort hin, das Team hat entschieden, ich möge gehen, in eine wunderschöne Altbauwohnung im 3. Wiener Gemeindebezirk nur zehn Minuten von uns entfernt. Sie hat mich hineingebeten und ihre Mutter stand beim Bett neben ihrem Vater. Ich sehe den Mann an und sehe die beiden an und sage: „Es ist schon soweit." Er hat mit großen Atempausen geatmet, ganz gelassen und entspannt. Da war kein Kampf. Sie hatten ihn so schön gebettet. Weißt du, das ist zutiefst berührend, wenn Nahestehende den Angehörigen so schön betten. Ganz liebevoll. Und ich habe gesagt: „Ich glaube, es ist gut, sich jetzt zu verabschieden." Nur aus dem Bauch heraus. Dann haben die beiden kräftig geweint, ihn nochmals geküsst und gehalten. Ich bin vom Bett zurückgetreten und sie sind auch vom Bett zurückgetreten. Und dann hat er aufgehört zu atmen. Heißt das, wenn jemand so natürlich stirbt, ist es ganz einfach, festzustellen, dass er gestorben ist, weil er aufgehört hat zu atmen? **Ja, das ist ein Zeichen des Todes. Ich habe dann zu ihnen gesagt: „Wenn Sie es schaffen, bleiben wir noch ein bisschen hier mit Abstand stehen und lassen ihm Zeit." Und sie haben einfach gewartet, miteinander.** Wie lange zirka? **Keine Ahnung. Ich habe nicht auf die Uhr geschaut. Aber es muss alles innerhalb einer**

Stunde gewesen sein. Der Mann ist zehn Minuten, nachdem ich gekommen bin, gestorben. Das war schon verrückt. Ich kannte niemand und sie kannten mich auch nicht. Er war gar nicht in eurer Betreuung, frage ich überrascht. **Nein. Steil, gell? Und dann haben sie miteinander überprüft, ob er gestorben ist, ob das Herz aufgehört hat zu schlagen, sie hatte ja ein Stethoskop. Ich habe auch immer eines dabei. Manche möchten das gerne. Wir haben beide gehorcht und es gab keinen Herzschlag mehr und so blieb es auch. Wir sind noch ein Weilchen zusammengestanden, bis die Frauen das Gefühl hatten, jetzt passt es für sie. Und dann bin ich gegangen. Einige Wochen später kam eine wunderschöne Dankeskarte von der Tochter.** Mich berührt diese Erzählung. Das Eintreten des Todes klang ungemein friedlich. Was für einen Unterschied macht es, frage ich Astrid, wenn dir jemand sehr vertraut ist oder nicht? **Unterschiedlich und doch ähnlich. Es ist auch von den Organen abhängig, welches vorwegschreitet durch ein physisches Versagen wie Nieren-, Herz- oder Lungenversagen.** Wie erlebst du den speziellen Moment, wenn das Leben aufhört? **Du kennst ja die Begriffe: aushauchend, ruhig werden, Stille tritt ein, das Leben weicht. Eben war in diesem Körper noch Leben und dann ist es fort und kommt auch nicht wieder.** Ich war noch nie dabei, erwidere ich. Ich stelle es mir ergreifend vor. **Ich kann dir sagen, es wird still. Wir sind ständig gewöhnt, mit dem Leben zu**

kommunizieren, es im anderen zu suchen. Und dann ist es fort. Wir suchen ja immer eine Form des Dialogs mit den anderen. Und das geht dann nicht mehr. Der Leib wird zur Hülle. Meine Assoziation: ein Stück Mysterium, so wie die Geburt. **Ja, auf der einen Seite ist es etwas Großes und auf der anderen Seite etwas völlig Normales.** Was mich noch beschäftigt, ist das Abstandwahren vom Bett. Also, nicht Hand halten oder ähnliches. Ein weit verbreitetes Klischee. Bist du zurückgetreten, um zuerst den Sterbenden und dann den Verstorbenen frei zu lassen? **Ja. In manchen Kulturen wird das Fenster aufgemacht, nachdem der Mensch aufgehört hat zu atmen.** Auf der Station im CS Hospiz Rennweg habe ich von Erfahrungen gehört, dass manchmal die Seele des Verstorbenen noch länger im Raum spürbar sein kann. Kennst du das auch? **Das weiß ich mehr aus Erzählungen, denn ich bin zu diesem Zeitpunkt meist nicht mehr da. Wenn alles gut ist, braucht man mich nicht mehr vor Ort.** Ein großer Unterschied zur Palliativstation. Der Schwerpunkt der mobilen Betreuung liegt vor dem Eintreten des Todes, erzählt Astrid. **Ich bin nicht so oft dabei. Es ist ein höchst persönliches Geschehen, etwas ganz Intimes, und ich begreife mich eher als Fremde. Da bin ich nur auf Wunsch dabei, so wie jetzt bei diesem Herrn und seiner Tochter und seiner Frau.**

Merkwürdige Widersprüchlichkeit unserer Zeit. Das natürliche Lebensende als etwas ganz Intimes und der gewaltsame Tod omnipräsent in den Medien. Das normale Sterben ist nach wie vor ein weitgehend unbekanntes Ereignis, während der Tod durch Unfall, Verbrechen und Krieg bis in alle Details gezeigt wird. Im Medienzeitalter verschwindet Intimität immer mehr. Positiv gedeutet, Tabus werden immer mehr aufgeweicht. Zum Beispiel Sexualität. Dank Kinsey Report und sexueller Revolution dem Tabu entrissen, wird sie heute jedoch bis zur Banalität veröffentlicht. Pornofilme und öffentliche Outings in Fernsehshows als Spitze des Eisbergs. Meinem Anspruch gemäß, Sterben und Tod zu enttabuisieren, wollte ich ursprünglich in meinem Kinofilm „Zeit zu gehen“ auch den Moment des Todes dokumentieren. Ich war erleichtert, dass es nicht dazu gekommen ist. Dem Tabu seriös sich zu nähern, bleibt eine Gratwanderung zwischen respektvoller Begegnung und entblößender Darstellung. Ersteres kann befreiende, heilsame Wirkung haben. Ich frage daher Astrid: Was hat sich für dich verändert, seit du im Palliativbereich arbeitest? **Also, die Veränderung begann schon vor 30 Jahren. Mit 15, zu Beginn meiner Ausbildung, habe ich den ersten sterbenden Menschen gesehen.** Sehr früh, werfe ich ein. **Ja, und mit 19 Jahren war ich das erste Mal dabei. Eine Krankenschwester hat gesagt: „Jetzt setz' dich mal hin und warte, bis die Frau gestorben ist."** Heftig! Wie ist es dir ergangen? Warst du nicht völlig überfordert? **Ich habe mir gedacht: Was mache ich jetzt? Was ist angemessen, so würde ich es heute formulieren. Ich bin gesessen und habe überlegt, ob ich die Hand von der Frau halte. Sie war schon ganz weit weg, ich habe sie noch nie gesehen gehabt und ich war 19. Ich habe ihre Hand genommen, das hat nichts verändert, und**

dann habe ich gedacht, ob man wohl betet. Ich habe ein Vaterunser gebetet, still, denn das kenne ich. Dann habe ich noch eines gebetet. Und dann habe ich aus dem Fenster geschaut, weil ich dachte, ich kann sie ja nicht die ganze Zeit ansehen. So bin ich sitzen geblieben. Was ich in mir gemerkt habe, ich wollte sie nicht neugierig beobachten. Ich kann mich noch erinnern, wie sie ausgeschaut hat und jetzt bin ich schon 45 Jahre. So tief ist mir das gegangen. Sie war noch nicht alt. 50 vielleicht. Intensivste Grenzerfahrung. Was mich noch interessiert: Wie geht es nach dem Eintreten des Todes weiter? Ich denke ans Waschen und Ankleiden. Inwieweit bist du als Palliativschwester daran beteiligt? **Wir informieren zuvor die Angehörigen so genau wie möglich, damit sie es selbst tun können. Wenn sie Hilfe wollen, komme ich. Viele Sterbende haben vorher gesagt: „Zieht mir das und das an." Oder: „Ich hätte es gerne bequem", habe ich auch schon gehört. Aber auch: „In dem Anzug will ich auf keinen Fall im Grab liegen." Es ist ja das letzte Kleidungsstück, das man hier auf Erden getragen hat. Und als junge Krankenschwester habe ich viele Menschen gewaschen, die gestorben sind.** Das war mir nicht bekannt. In welchem Kontext? **Ich war die ersten drei Jahre nach meinem Diplom auf einer anthroposophischen Klinik in Öschelbronn, in der Nähe von Stuttgart. Dort waren 60 bis 70 Krebspatienten. Einige davon**

sind bei uns gestorben. Was bedeutete das Waschen der Verstorbenen für dich? **Ich habe es gerne gemacht. Wir haben ein spezielles Waschwasser hergestellt mit Lavendelmilch. Das war wirklich eine Waschung.** Hört sich wie ein ritueller Vorgang an. **Ja, das geht gar nicht anders. Ich habe es stets als etwas Rituelles erlebt. Meistens haben wir es zu zweit gemacht, weil es dann noch milder ist für die Leibeshülle, wenn jemand den Arm hält, während du wäschst. Das hat etwas Würdevolleres, weil in dem Leib ja kein Halt mehr ist.** Josefine Steindl hatte mir erlaubt, sie nach ihrem Tod zu filmen, und wir waren dabei, wie sie gewaschen und schön hergerichtet wurde. Mitten in der Nacht. Nicht unmittelbar nach ihrem Tod, aber auch nicht zu spät. Rechtzeitig bevor die Totenstarre eintritt. Mit großem Respekt und liebevollen Gesten wuschen zwei Palliativschwestern die Verstorbene. Wie zu Lebzeiten sprachen sie mir ihr, benannten zuerst die Handlung, bevor sie diese ausführten. Vom Lagern bis hin zum Kämmen des weißen Haars. Das Richten des Gesichts ist eine Kunst, konnte ich beobachten. Ein Hochbinden des Kinns, um der Öffnung des Mundes vorzubeugen, erübrigt sich. Behutsam wurden die Hände gefaltet, eine weiße Lilie dazugelegt. Die Kerze entzündet. Still ein Gebet gesprochen. Würde bis über den Tod hinaus. Für mich hat der Tod an Schrecken verloren. Hast du Angst vor dem Tod, frage ich Astrid. Angst vor dem eigenen Tod? **Ja, es gibt so eine Schwelle, die ich kenne. Ich hatte schon nahtodliche Erfahrungen.** Da ist Angst dabei, frage ich überrascht. Die literarischen Zeugnisse, die ich kenne, nennen Gegenteiliges. **Ja, bei meinem Verkehrs-**

unfall war das so. Ich bin mit 120 kmh in die Leitplanke gerast, ich hatte ein Blackout. In Bruchteilen von Sekunden lief mein Leben ab. Ein Hammer. So etwas vergesse ich nicht. Wie es dann weitergeht, wissen wir ja nicht, sonst säße ich nicht bei dir. Glücklicherweise! Und ich freue mich schon, wenn wir uns wieder einmal persönlich treffen. Auch wenn unseren Telefonaten eine Intensität innewohnt, als wäre es der Fall. Was ist dir noch wichtig zum Thema Tod? **Danke zu sagen. Ich bedanke mich bei den Menschen, dass ich ihnen begegnen durfte. Und auf Wiedersehen zu sagen. Denn ich bin ja keine Beerdigungsgeherin. Das ist für mich kein Ritual, bei dem ich mich verabschieden kann.** Abschließend frage ich Astrid, ob sie die Verdrängung des Todes in unserer Gesellschaft verstehen könne. Wir haben mittlerweile über eine Stunde lang telefoniert. **Ich verstehe sie gar nicht und gleichzeitig verstehe ich sie sehr gut. Wenn ich den Regeln der Gesellschaft folge, ist der Tod immer noch etwas, das man nicht in den Griff bekommen hat, sozusagen eine Niederlage der Medizin. Dann muss ich ja das Geschehen selbst verdrängen. Solange ich das so betrachte, erkenne ich vielleicht nicht, was passiert, wenn wir Menschen reifen und älter werden, bis wir eben sterben. Ich glaube, im Unterschied zu vielen verstehe ich Sterben als einen ganz normalen Lebensabschnitt und nicht als eine Phase, in der alles Minus Minus ist. Wir hätten es leichter mit-**

einander, wenn wir den letzten Lebensabschnitt positiv betrachten könnten und nicht als Niederlage. Ein gravierender Unterschied. Sterben und Tod zu differenzieren sowie Sterben als eine normale Lebensphase zu betrachten, die nicht nur einige Minuten, sondern Wochen oder Monate dauern kann. Daraus folgt: Im Angesicht des Todes geht es um das Leben. Was Leben bedeutet, gilt es daher neu zu definieren. Der Maßstab einer idealen Lebensmitte gemäß dem Slogan *lieber reich und gesund als alt und krank* – und ich möchte noch hinzufügen „erfolgreich und glücklich" – erscheint somit obsolet. Eine Werteverschiebung mit tiefgreifenden Konsequenzen. Frage an Astrid: Was wäre deiner Meinung nach leichter, wenn Alter und Sterben positiv bewertet würden? **Ich glaube, wir hätten uns mehr zu sagen. Wir betrachten ältere Menschen als hilfsbedürftig und nicht, dass sie uns viel zu sagen haben. Ich habe unlängst ein Seminar in Saalfelden für Kommunikation gegeben und mit einer Ehrenamtlichen gesprochen, die eine hochbetagte Frau begleitet. Sie geht auf die 96 zu. Und diese Ehrenamtliche macht sich immer Gedanken, worüber sie mit der alten Dame reden könnte, und irgendwie entstand nicht viel Gespräch. Ich habe dann gemeint, warum fragst du sie nicht einmal um Rat für dein Leben. Wir denken immer, wir müssen so viel für die ältere Generation tun. Ich glaube, sie haben die Aufgabe, für uns etwas zu tun. Ich meine, das ist ein Punkt der Lebensernte, dass man sich für andere zur Verfügung stellt. Es ist eine Sache**

des Begleitens, sich auch ein Stück begleiten zu lassen. Ein Geben und Nehmen. Ein runder Abschluss. Ich bedanke mich bei Astrid für das dichte Gespräch und erfahre noch, wie sie den heutigen Abend verbringen will: Alleine. Die Gemüsesuppe von gestern aufwärmen, dazu getoastetes Brot vom Bioladen mit Schafs- und Ziegenkäse verspeisen und anschließend gemütlich vom Sofa aus einen Krimi auf 3 Sat anschauen.

Loslassen

Dich
Loslassen, frei lassen, ganz lassen

Ganz dich umarmen wollen
Küssen und spüren
Überall

Dich
Denken, begehren, lieben
Und dennoch oder deshalb
Dich
Loslassen, frei lassen, ganz lassen

Schwer und leicht zugleich
Freiheit

WINTER

Weiß

Sonntag, 7.00 Uhr früh. Ein klirrend kalter Jännermorgen. Schritt um Schritt setze ich in den frischen Schnee. Gehen, als ginge es um mein Leben. Gestern Nachmittag hat mir meine letzte „große Liebe" überraschend das Aus mitgeteilt. Mein Herz ist fast gebrochen. Noch sind meine Augenlider geschwollen. Die eisige Luft lindert und klärt das Gefühlschaos. Gehen als Selbsthilfemaßnahme. Bewegung, um Ruhe in meinen Geist zu bringen. Am Ufer des Donaukanals hocken vielleicht zwanzig Möwen. Still. Auf den Ästen zentimeterhoch der Schnee. Das Weiße tut gut. Weiß. Leere, aus der alles entsteht. Erste Sonnenstrahlen lassen die Kristalle funkeln. Farbe, Fülle. Im Wasser spiegelt sich der blaue Himmel. Bewegung auch hier. *Panta rhei – alles fließt.* Mit jedem Meter wird mir leichter. Mein Herz beginnt sich wieder zu weiten. Trauer und Liebe – beides braucht die Öffnung, den inneren Raum.

Vor zwei Jahren bin ich diesen Weg bei Schneefall gegangen. Nach dem Anruf der Tochter einer Klientin. Ihre Mutter sei gestern gestorben. Gehen als Klärung, offen für alle Gefühle und Gedanken. Ina Duimovic war 64 Jahre alt. Bauchspeicheldrüsenkrebs. Zwei Monate bevor ich sie kennenlernte, wurde die Diagnose gestellt. Zu spät für eine Operation, die Chemotherapie hatte sie wegen Unverträglichkeit abgebrochen. Die Ärzte des AKH bei der Entlassung: „Wir können nichts mehr für Sie tun.

Genießen Sie das Leben, solange es noch geht!" Die Prognose: ein paar Wochen bis Monate. Ich sehe ihre braunen Augen noch vor mir. Dunkel vor Kränkung. Sie habe sich fallen gelassen gefühlt wie eine heiße Kartoffel. Auf Empfehlung ihrer Tochter komme ich zu ihr. Nach Hause. Eine Krankenschwester vom Mobilen Palliativteam Rennweg verabschiedet sich gerade. Ich biete Ina Duimovic an, sie in dieser neuen Lebensphase zu begleiten. Psychotherapie als Unterstützung bei der Suche nach dem, was sie will. Ihre Befindlichkeit: müde, schwach, lustlos, Durchfall, Angst vor der körperlichen Veränderung. Sie wolle nicht von den Ärzten herumgeschubst werden, nehme derzeit ein homöopathisches Mittel, die Tochter habe ihr einen weiteren Experten empfohlen. Ihr sei jedoch alles zu anstrengend. Ihre Stimme klingt monoton, während sie erzählt. Sie wirkt auf mich wie unter Schock. Emotionslos. Doch sobald ich sie nach ihrer Familie frage, verändert sich alles. Ihre Augen leuchten, die Stimme erhält Klang, der Raum Farbe. Ein Ehemann, eine Tochter, ein Sohn, drei Enkelkinder. Alle wohnten ums Eck, der Zusammenhalt hervorragend. Weiters zwei Brüder, viele Cousinen und Cousins, ein großer Freundeskreis. Der Mann sei wunderbar. Noch am Abend vor der Diagnose habe sie mit ihm Tango getanzt. Unter Applaus der Anwesenden. Gemeinsam mit einer Enkelin habe sie gelernt, den PC zu benützen. Hunderte E-Mails seien jetzt erstmals unbeantwortet. Es reize sie nicht mehr. Ebenso wenig die Arbeit am Photoshop. Unzählige Fotos warteten. Eine Last. Das geplante Buch für die Enkelkinder werde sie wohl nicht mehr schaffen. Der Bio-Acker, einst ihre große Freude, jetzt eine Sorge. Wer werde ihn heuer bearbeiten? „Auch das Bio-Gemüse hat nichts genützt", meint sie lakonisch. „Ich habe zwei Leben gelebt", formuliert sie, so viele Interessen und

Hobbies habe sie verfolgt. Mein Part: Zuhören, fragen, Bedeutungsgebungen finden, Ressourcen suchen. Wer könnte ihr helfen, die E-Mails zu beantworten, den Photoshop zu ordnen, das Buch fertigzustellen? Was war gut in ihrem Leben und was will sie abschließen? Wovon will sie Abschied nehmen? Wir vereinbaren einen weiteren Termin.

Fünf Tage später. Herr Duimovic empfängt mich, er wirkt verzweifelt. „Es kam so schnell, es ist schrecklich. Noch vor drei Monaten hat sie ein Kochbuch geschrieben", erzählt er mir im Vorzimmer. Ich denke mir, er bräuchte jetzt Hilfe. Ina Duimovic will jedoch mit mir alleine sprechen. Mit einem Nachthemd bekleidet, liegt sie im Bett. Ihre Gesichtsfarbe: noch gelber als zuletzt. Sie schaut deutlich schlechter aus. Ihre Stimme klingt dennoch bestimmt. Es fehle ihr die Kraft zum Aufstehen, Ankleiden, für den Haushalt. Am liebsten wolle sie nur liegen. Bei aller Klage über die sichtlich zunehmende Schwäche bin ich überrascht, wie viel sie in den wenigen Tagen organisiert hat. Ihrem Mann habe sie alles Mögliche beigebracht, vom Programmieren des Fernsehers über Bankangelegenheiten bis hin zum Waschen, Kochen und Betten überziehen. Eine Enkelin kümmere sich um die zahlreichen Pflanzen, die Tochter habe alle PC-Arbeiten übernommen und der Internetanschluss sei bereits gekündigt. Der Sohn widme sich den FreundInnen und Nachbarn, so müsse nicht mehr sie die anderen trösten.

Wir halten Rückblick. „Zwei Leben habe ich gelebt", meint sie auch diesmal. Kalender mit Gedichten und Seidenmalerei, ein Kochbuch für die Enkelkinder, Gewürzsäcke und Allerlei für den Weihnachtsbasar, Obst und Gemüse einkochen, tanzen. Vom

Bett aus zeigt sie auf ihre Schätze. An der Wand ein farbenfrohes Bild, Seidenmalerei. Über dem Computer der eigene Kalender, liebevoll gestaltet, auf dem Schreibtisch eine originelle Bastelei. Ich stehe auf und sehe mir alles ganz genau an. Erfüllung und Freude für sich und die anderen, fasse ich meine Eindrücke zusammen. Sie nickt und lächelt. Die Fotobücher für die Enkelkinder seien fertiggestellt, alle Bilder eingeklebt und die Texte geschrieben. Ein kontinuierliches Projekt, seit deren Geburt. Mein Kompliment. Ich bin voller Hochachtung für diese Frau, die mit letzter Kraft rechtzeitig ihren Abschied vorbereitet. Worum geht es jetzt? Belastend sei die Ungewissheit, was auf sie zukomme. Tröstlich der Tod der Mutter, in ihrer Anwesenheit. Friedlich und tapfer sei die 90-Jährige gegangen. „Seit damals habe ich keine Angst vor dem Tod", erklärt sie überzeugend. Über den Regenbogen habe sie die Mutter loslassen können. Tränen beim Begräbnis? Ja, natürlich. Auch die Enkel hätten geweint. Das Anliegen jetzt: Sie wolle nur mehr im Bett liegen. Die Schneeflocken hören. Sie habe aufgegeben. Was? Den Kampf. Die Tochter dränge auf weitere Therapien, die Kinder wollen nicht wahrhaben, dass es nicht mehr lange dauere. Kämpfen kostet viel Kraft, so meine Entgegnung. Erschöpfung eine mögliche Folge. Ohne Kampf bliebe Energie für das, was ihr wichtig sei. Was könnte das sein? Zum Beispiel das Liegen zu genießen und den Schneefall zu betrachten? Aber auch: Kräfteverlust ist normal, schildere ich meine Beobachtungen im Hospiz. Krankheitsbedingt nimmt die Kraft oft rapide ab. Zwischen Nicht-mehr-aufstehen-Wollen und -Können liegt nur ein kleiner Schritt. Umso dringender die Frage: Was ist wichtig? Jetzt. Ina Duimovic will ein eigenes Grab, erzählt sie mir. Ihre Dinge mit warmen Händen weitergeben, noch zu Lebzeiten selbst verschenken. Ihr Mann und ihre beste Freundin könnten sie dabei unterstützen. Wir vereinbaren einen Termin in der kommenden Woche und verabschieden uns.

Vier Tage später ruft mich ihre Tochter an. Ina Duimovic ist gestern Abend im CS Hospiz Rennweg gestorben. Friedlich, im Schlaf. Alles sei gesagt gewesen, alle hätten sich verabschiedet gehabt. Trotz meiner Hospizerfahrung trifft es mich wie ein Schlag. So rasch. Die zwei Stunden psychotherapeutische Begleitung erscheinen in einem anderen Licht. Endgültig. Unwiderruflich, ohne Fortsetzung. Beim Gehen im Schneetreiben vergegenwärtige ich mir die Begegnungen. Lasse die gemeinsame Zeit wie einen Film ablaufen. Kostbares Geschenk, Zeugin ihrer Lebensbilanz zu sein. Wichtig die Erlaubnis, nicht mehr zu kämpfen und schön, ihre Erleichterung zu sehen. Zwei Gespräche an der Grenze, geführt in aller Offenheit und im Vertrauen. Ich bin dankbar dafür. Und traurig. Schicke gute Gedanken an die Familie.

Weiß. Wie reines Licht. Mittlerweile hat die Sonne den Donaukanal vollständig erreicht. Ich gehe in der Sonne, im Weißen. Eine SMS tröstet mich, verhilft mir zu neuen Gedanken. Adolf Holl hat mir geschrieben: „Große Liebe, kleine Liebe, Nächstenliebe."

Astrid Leßmann

Mitgefühl

Dezember 2002. Mein Praktikum im CS Hospiz Rennweg ist beendet. Zwei Monate Crashkurs in Persönlichkeitsentwicklung. Zum Abschied hinterlasse ich dem Team einen Brief. Ein Ausschnitt sei hier zitiert.

Geschenk der Erfahrung: Meinen Gefühlen vertrauen. Meine Wahrnehmung ernst nehmen. Das wird mein Leben verändern. Ich bin bereits verändert. Schmal, aber entscheidend ist der Grat zwischen Mitgefühl und Mitleid. Berührt-Sein: ja. Empathie: bitte. Selbst leiden und nach Hilfe schreien: ja bitte, aber außerhalb. Hospiz ist emotionale Schwerstarbeit. Das gilt es zu würdigen. Zuerst einmal vor sich selbst. Ich brauche Zeit nach der Arbeit – für mich selbst. Reichlich. Schreiben, Kochen, Erzählen, Musikhören, Supervision, Sport, Baden, Spazieren, Psychotherapie, Kinogehen, Telefonieren, FreundInnen treffen – einfach lustvoll leben nicht vergessen. Der Schwere genügend Gegengewicht verschaffen, über dem Leid die Freude nicht vergessen. Keine leichte Aufgabe. Humor ist dabei wie ein Streiflicht im Dunkeln. Lachen, auch wenn mir nicht danach ist, hilft. So neueste wissenschaftliche Erkenntnisse. Weisheit des Gehirns.

Sieben Jahre später. Die Unterscheidung von Mitgefühl und Mitleid bildet auch aus meiner heutigen Sicht einen zentralen Schlüssel, um im psychosozialen und insbesondere im Palliativbereich langfristig gut arbeiten zu können. Jetzt will ich mit Astrid darüber sprechen. **Ja, grüß dich,** meldet sie sich vergnügt am Telefon. **Zum Thema Mitgefühl fällt mir ein Zitat von Stephen Levine ein,** sagt sie spontan. **Möchtest du, dass ich es dir schicke oder gleich vorlese?** Ist es lang? **Nein, du kennst mich doch!** Dann lies es bitte gleich vor! Astrid scheint den Text griffbereit zu haben, vielleicht als Vorbereitung für das nächste Seminar, denn sie beginnt bereits nach wenigen Sekunden zu zitieren: **„Mitleid ist da, wo wir dem Schmerz mit Angst begegnen. Im Mitleid möchten wir die Gegebenheiten des Augenblicks am liebsten ändern... Aber wenn wir dem gleichen Schmerz Liebe entgegenbringen, ihn sein lassen, wie er ist, wenn wir ihm verzeihend und nicht angst- oder hassvoll begegnen, dann ist das wahres Mitgefühl."** Stephen Levine ist Dichter und Meditationslehrer in den USA. Er war ein enger Mitarbeiter von Elisabeth Kübler-Ross. In seinem Buch „Wege durch den Tod. Who Dies", erschienen 1982, zeigte er als erster, welche Perpektiven die Beschäftigung mit dem Sterben für das eigene Leben eröffnen kann. *Dem gleichen Schmerz Liebe entgegenbringen...* Eine Herausforderung! Was ist für dich der Knackpunkt an diesem Zitat, frage ich Astrid. **Im Mitleid will ich die Gegebenheiten ändern. Ich akzeptiere sie nicht. Vielleicht habe ich aber auch Angst vor den Gefühlen, die der andere bei mir auslöst. Und die Crux daran ist, wenn ich fühle, kann ich den anderen in seinem Sein so annehmen, wie er ist, und dann entsteht Mitgefühl. Das macht es**

viel leichter. Heißt das, deiner Meinung nach ist das Entscheidende: Ich muss meine eigenen Gefühle aushalten können? **Ja, darum geht es. Mitgefühl ist die Bereitschaft, seine eigenen Gefühle auszuhalten und sie zu erleben.** Für welche Gefühle gilt das in erster Linie im Hospizbereich? **Ich lasse mich neu auf einen Menschen ein im Wissen, dass ich ihn auch wieder gehen lassen muss. Ganz simpel. Die Bereitschaft, den anderen lieb zu gewinnen, unabhängig von den Umständen.** Und die Umstände heißen, ergänze ich, dass er oder sie bald sterben wird. **In meinem beruflichen Kontext hier im Tageshospiz sind das 99 % aller Menschen, die ich begleite.** Wie viele sterben pro Jahr? **Im letzten Jahr waren es 57 Menschen. Von diesen habe ich 30 gekannt und zehn bin ich näher gekommen. Das klingt nicht so viel, aber verlier' einmal pro Jahr zehn Menschen, die du gerne hast. Da genügt doch schon einer!** Die Quintessenz: Gefühle aushalten heißt im Hospizbereich loslassen, gehen lassen, verabschieden können. Während meiner Drehzeit habe ich auch öfters Gefühle der Ohnmacht und Hilflosigkeit erlebt, erzähle ich Astrid. **Wann bin ich hilflos und wann empfinde ich Ohnmacht? Das muss man genau ansehen. Hilflosigkeit empfinde ich, wenn ich keine Partnerschaftlichkeit mit dem Erkrankten und den Angehörigen entwickeln kann. Denn auch ich brauche Vertrauen. Das Vertrauen zu den Erkrankten und ihren Angehörigen ist das eine, aber ich brauche auch deren Vertrauen. Es**

macht mich hilflos, wenn es nicht oder nicht ausreichend vorhanden ist. Was wird verhindert, wenn sie es dir nicht entgegenbringen? **Zum Beispiel Absprachen, Verbindlichkeit, das, was wir Auftragsklärung nennen. Ich weiß ja dann nicht, was ich tun kann.** Ein gravierender Unterschied der Rollen. Einerseits als Pflegepersonen und ÄrztInnen, andererseits als PraktikantIn und RegisseurIn. Meine eigene Erinnerung: Ich habe mich manchmal hilflos gefühlt, wenn jemand Schmerzen hatte trotz aller zur Verfügung stehenden Medikation. **Ja, das Gefühl kenne ich auch. Bei uns im Tageshospiz und im mobilen Bereich kommt es manchmal vor, dass die Leute sich nicht daran halten, das Schmerzmittel so zu nehmen, wie es verschrieben wurde. Im stationären Hospiz liegt es häufig daran, dass sie es nicht einfordern.** Aber reagierst du nicht mit Ohnmacht, wenn alle noch so gute Palliative Care an ihre Grenzen stößt? **Nein, das löst bei mir keine Ohnmacht aus, wenn ich medizinisch oder pflegerisch nichts mehr machen kann. Denn ich bin ja da. Ich habe die Bereitschaft, das mit dem Menschen auszuhalten. Ich bleibe. Das macht mich nicht ohnmächtig. Ohnmächtig macht mich, wenn ich Bereitschaftsdienst habe, und sie rufen mich nicht an, wenn zu Hause eine Verschlechterung eintritt. Und am nächsten Tag höre ich, es ging ihm so schlecht. Die Absprache war jedoch: Sie rufen an, wenn es ihm schlecht geht.** Wenn wir Mitgefühl und Mitleid als Gegenpole betrachten, wo würdest du Ohnmacht und Hilflosigkeit einordnen? **Ich glaube, sie gehören mehr zum Mitleid, wenn ich denke, ich muss etwas verändern. Im Mitgefühl weiß ich: Ich bin da. Und das kann ich. Dasein.** Wie hast du das gelernt? **Du stellst vielleicht Fragen! So eine Frechheit.** Astrids Tonfall klingt entrüstet, aber vermutlich ist es nicht ernst gemeint. **Das kann man! Das hat mit Demut zu tun, mit Demut vor dem Schicksal des anderen. Das ist das, was ich lernen musste durch das Scheitern oder durch die Bereitschaft zu scheitern. Mitgefühl und Liebe haben damit zu tun, dass man lernt, dass es Situationen gibt, in denen man keinen Erfolg hat und vor allem keinen braucht, um sich gut zu fühlen.** Mir fällt eine Aussage des früheren Hospizseelsorgers Clemens Nowak ein. *Erfolg ist keiner der Namen Gottes* zitierte er den bedeutenden jüdischen Schriftsteller und Religionsphilosophen Martin Buber. Welches Scheitern meinst du, bitte ich Astrid um Konkretion. **Mein Gott, da fallen mir x Gelegenheiten ein, wo ich gescheitert bin. Wenn du wirklich Hospizpflege machst, dann bist du dazu verdammt, ständig zu scheitern. Erstens stirbt ja jeder, den du betreust. Und zweitens hat er Leiden: Schmerzen, Ängste, Blutungen, Übelkeit, Schwindel, Erbrechen und alles Schreckliche, was es gibt oder alles, was wir nicht gerne haben. Und was kann ich davon schon lindern!** De facto: Du kannst das Leiden vielleicht lindern, aber nicht nehmen. Ich kann ihn oder sie nicht vor dem Tod retten, so habe ich es einst für mich formuliert. **Ganz genau. Und**

wenn ich das lasse, entwickle ich wahres Mitgefühl. Angenommen, du willst Mitgefühl in einem Seminar vermitteln, wie würdest du es versuchen? **Ich sage den Teilnehmern und Teilnehmerinnen: Ich brauche darüber Aufschluss, ob ich das Leben des anderen so annehmen kann, wie es ist. Viele wollen Begleiter beziehungsweise Begleiterinnen werden, weil sie denken, sie können dem anderen helfen. Helfen in dem Sinne, dass sie etwas abnehmen oder verändern wollen am Leben des anderen. Und wenn dir das gelingt, hast du ja auch den Erfolg auf deiner Seite. Aber was ist, wenn du mit dieser Art begleiten zu wollen scheiterst? Weil du dem anderen seine Leiden und Ängste und sein Sterben gar nicht abnehmen kannst. Dann ist möglicherweise der arme Sterbende noch schuld, weil er dir nicht zu einem Erfolg verhelfen kann, oder?** Und die HelferInnen können sich dann noch selbst leid tun, setze ich ihren Gedanken fort, und werden von ihrer Umgebung bemitleidet. Ich halte den weitverbreiteten Glauben, dass Mitleiden unabdingbar oder sogar erstrebenswert sei, für einen Irrglauben. Stichwort: sich aufopfern für jemanden. Eine (Un-)Tugend, vor allem Frauen zugeschrieben. Gerade im christlichen Bereich wurde und wird das Mitleiden oft kultiviert unter Berufung auf das Leiden Christi. Meines Erachtens ein theologischer Irrtum. Wenn ChristInnen ernst nähmen, dass Jesus für sie gestorben sei, müssten sie nicht mehr leiden, sondern könnten sich an der Erlösung freuen. Aber auch außerhalb des kirchlichen Kontexts begegnet mir diese verhängnisvolle Tradition immer wieder.

Wenn ich zum Beispiel gefragt werde, ob es mich nicht schrecklich belaste, als Psychotherapeutin so viel seelisches Leid zu hören. Die Kunst, Mitleid und Mitgefühl zu unterscheiden, war unlängst auch Thema in der Supervisionsgruppe, an der ich teilnehme. Supervision bedeutet, die eigene Tätigkeit mit Hilfe eines externen Profis anzuschauen, zu überprüfen und sofern erforderlich zu verbessern. Ich erzähle Astrid, was der Supervisor Aron Saltiel, ein erfahrener Psychotherapeut und wunderbarer Sänger, pointiert formuliert hat: „Mitleid ist persönlich, Mitgefühl ist überpersönlich.“ **Das könnte von Ken Wilber sein. Ja, ich glaube schon, dass Mitgefühl in den Bereich des Überpersönlichen geht. Das ist das Wohltuende daran, weil ich dafür nicht verantwortlich bin, dass etwas in dem Leben des anderen einen Sinn macht oder nicht. Ich nehme Anteil daran - und das ist es.**

Ken Wilber ist meines Erachtens einer der großen originellen Denker unserer Zeit. Seit Jahrzehnten widmet sich der US-amerikanische Autor dem Thema Spiritualität und hat eine neue Form der Verbindung von westlicher und östlicher Denkweise formuliert. Stichwort: Integrale Spiritualität. Ob die Unterscheidung von Mitleid als persönlich und Mitgefühl als überpersönlich von ihm stammt, weiß ich nicht. Aron Saltiel meint jedenfalls mit „persönlich“ die Manifestation der Persönlichkeit, des Egos, dessen, was Name und Form hat. Mitleid ist von daher Ausdruck der persönlichen Betroffenheit, ist Angst, auch um das eigene Schicksal und manchmal auch Erleichterung, dass „es“ nicht mir selbst passiert ist. Mitgefühl hingegen ist nur möglich, wenn ich in meiner Ganzheit zur Verfügung bin. Ganzheit schließt das Ego ein, geht aber darüber hinaus. Also, wenn ich mir bewusst bin, mehr zu sein als das, wofür ich mich halte, bin ich zu Mitgefühl fähig. Dieses Bewusstsein ist aber nicht mein persönliches Eigentum oder Merkmal, sondern gemeinsames Gut aller Menschen, insofern „überpersönlich" oder „transpersonal". Mich überzeugt diese Unterscheidung. Aus eigener Erfahrung. Wenn ich Mitleid empfinde, dann leide ich mit, fühle mich schwer, bin wie verdunkelt. Beim Mitgefühl schwingt jedoch etwas Helles, Liebevolles, Leichtes mit. Ich kann das Leid der anderen ganz nahe an mich heranlassen, so sehr, dass ich in Resonanz gerate, mitschwinge. Aber ich übernehme es nicht. Nach der Begegnung kann ich die KlientInnen ihren Weg gehen lassen, auch wenn ich ein Stück weit ihr Leid mitempfunden habe. Aber nach der Sitzung bin ich wieder bei mir und lasse ihnen die Verantwortung für ihr Schicksal. Ich traue ihnen zu, diese Verantwortung selbst tragen zu können und übernehme in aller Klarheit die Verantwortung für mein eigenes Handeln. Zur Verstärkung dieser Unterscheidung stelle ich mir manchmal vor, dass die anderen in einen Strom des Wohlwollens von oben eingebunden sind, ebenso wie ich. Oder ich denke mir einen Engel an ihrer Seite oder erinnere mich, dass auch sie mit dem Transpersonalen verbunden sind, egal, ob sie daran glauben oder nicht. Mitgefühl – eine Sache jahrelangen Lernens und Übens. Von daher komme ich nochmals auf meine Frage an Astrid zurück, wie ihrer Meinung nach Mitgefühl entwickelt werden könne. **Ich kann dir ein Schlüsselerlebenis aus meiner eigenen Biografie erzählen. In meiner Jugend ging es mir einmal seelisch sehr schlecht und jemand hat zu mir gesagt: „Sie haben eine niedrige Frustrationstoleranz-**

grenze." Dieser Satz hat mich zehn Jahre lang beschäftigt. Er war die Initialzündung. Entweder ich lerne zu scheitern und erfolglos zu sein oder ich habe weiterhin so eine niedrige Frustrationstoleranzgrenze. Reiner egoistischer Selbsterhaltungstrieb. Spannend, wie unterschiedlich deine und meine Entwicklung erfolgt ist, erwidere ich Astrid. Ich habe zum Beispiel viele Jahre lang schrittweise gelernt: Ich darf und kann weinen und trauern – ohne Angst zu haben, daran zugrunde zu gehen. **Wenn ich zugrunde gehe, komme ich auf den Grund, auf den Boden.** Schön formuliert! **So sag ich's mir. Was scheust du dich jetzt davor? Du kommst auf den Boden.** Das braucht Vertrauen. **Ja. Komisch, dass Vertrauen erst durch Erfolglosigkeit und Scheitern entsteht, weil wenn immer alles glatt geht …** Wir lachen. Denn bei wem geht schon immer alles glatt! Mir fällt dazu ein Fernsehinterview ein, das ich geführt habe. Adolf Holl hat damals dieses Phänomen treffend als „Fiktion der Normalität" bezeichnet.

Ingrid Marth

Selbstliebe

Der Winter dauert schon lang. Bedrückend lang. Meine Wohnung ist hell erleuchtet und die Heizung läuft auf Hochtouren. Kleine Versuche, der Dunkelheit und Kälte zu trotzen. Physisch wie psychisch. Ich schlucke Vitamintabletten, nütze jede Minute Sonnenschein im Freien, gönne mir hin und wieder einen Besuch im Solarium und verwöhne mich, so gut ich kann. Je belastender das Außen, desto mehr Selbstfürsorge ist vonnöten. Ingrid und ich werden uns jetzt auch etwas Gutes tun. Ich habe Chai vorbereitet, einen Schwarztee mit wärmenden Gewürzen: Pfeffer, Zimt, Kardamom, Nelken und Ingwer. Am besten schmeckt er mit ein wenig Milch. Ingrid überrascht mich mit zwei Linzeraugen vom Bioladen. Eine willkommene Stärkung. Unser Thema heute: Psychohygiene. Das Kernstück jeglicher psychosozialen Tätigkeit. Eine Antwort auf die Frage: „Wie schaffen die das?" Der Fachterminus „Psychohygiene" umschreibt die Lehre vom Schutz und der Erlangung beziehungsweise Erhaltung seelischer Gesundheit. Er kann frei übersetzt werden mit Selbsthilfe und Selbstfürsorge. Ich persönlich bevorzuge den Begriff „Selbstliebe", der Psychohygiene und vieles andere inkludiert. Eine Herausforderung, vielleicht ein Leben lang. Meine erste Frage an Ingrid: Was ist notwendig, um die psychischen Belastungen deines Berufs langfristig gut auszuhalten, abgesehen von einer hochqualifizierten Ausbildung, wie sie ja im Palliativbereich üblich ist? **Ich glaube, eine Voraussetzung ist, dass** ich mich selbst gut kenne und weiß, was es bedeutet, für mich zu sorgen. Ebenso ist es unerlässlich, mit mir selbst zu arbeiten. Nicht nur in der Team-Supervision, sondern auch allein oder im Rahmen einer Psychotherapie. Gerade wenn ich merke, etwas geht mir sehr nahe. Das hat vielleicht gar nichts mit dem Menschen zu tun, den ich begleite, sondern mit mir selbst. Es ist wichtig, das zu bemerken und zu reflektieren. Stichwort Helfersyndrom. Ich glaube, wir alle in helfenden Berufen sind ein bisschen gefährdet. Warum machen wir diese Arbeit? Warum wollen wir anderen Menschen helfen?** Eine wichtige Frage, auch für mich. Der Begriff „Helfersyndrom" wurde 1977 vom Psychoanalytiker Wolfgang Schmidbauer in seinem Buch „Die hilflosen Helfer" geprägt und weist auf folgende Gefahren hin: Helfen kann zur Sucht werden, zu Depressionen und zum Burnout führen, sobald die Helfenden die Hilfsbedürftigen für wichtiger nehmen als sich selbst. Besonders gefährdet sind alle im sozialen Bereich Tätigen wie zum Beispiel Pflegende, SozialarbeiterInnen, ÄrztInnen, PfarrerInnen und PsychotherapeutInnen. Von daher meine nächste Frage an Ingrid: Was ist deine Motivation, anderen Menschen zu helfen? **Mir war meine Mutter ein guter Spiegel, weil sie sehr viel nachbarschaftlich hilft und ständig für andere Menschen da ist. Wobei ich das Gefühl habe, dass sie dabei auf sich vergisst und für sich selbst einfach gar keine Zeit mehr hat. Und ich habe mir dann gedacht, das scheint ein Thema für mich zu sein, da es mir auch nicht so leicht fällt, Nein zu sagen oder mich abzugrenzen. Nicht unbedingt, dass ich das Gefühl brauche, gebraucht zu werden, sondern eher, dass man mich mag. Das war früher meine dahinterliegende Motivation. Ich habe es dann mit meiner Therapeutin bearbeitet, besprochen und geschaut, ob**

ich sonst auch liebenswert bin. Es gefällt mir, wie offen Ingrid über ihre Selbsterkenntnisse spricht, und bestärkt mich, weiter zu fragen. Was hat sich für dich durch die Psychotherapie verändert und inwiefern hast du dich geändert? **Ich habe gelernt, in mich hineinzuspüren und meine Motivation zu hinterfragen. Ich habe tatsächlich Nein-Sagen geübt und erstaunlicherweise die Erfahrung gemacht, dass es völlig in Ordnung ist und gar nicht so negativ ankommt, wie ich gedacht hätte.** Ingrid lacht. Ich ergänze: Und sie mögen dich trotzdem. **Ja, im Gegenteil. Wenn man immer alles machen kann, zu allem bereit ist, ist man irgendwie übermenschlich. Aber sobald ich sage, ich kann nicht oder ich will nicht, macht es mich in den Augen der anderen menschlicher und auch berührbarer. Also, ich habe die Erfahrung gemacht, man mag mich trotzdem und es kommt sogar gut an. In der Psychotherapie habe ich viel Zeit damit verbracht, auf meine Gefühle zu hören, überhaupt einmal sie wahrzunehmen und zuzulassen. Das hat sicher auch mit Mut zu tun. Mut, für mich selbst zu sorgen, meine eigenen Gefühle wahrnehmen zu lernen und so auch die Gefühle von anderen Menschen besser verstehen zu können.** Pointiert formuliert heißt das, erst in dem Ausmaß, in dem du deine eigenen Gefühle gut wahrnehmen und zulassen kannst, kannst du auch die der anderen wahrnehmen. **Würde ich schon sagen, ja.** Das deckt sich mit meinen Erfahrungen und Beobachtungen. Wenn ich meinen inneren Raum für Gefühle wie Wut, Angst, Trauer et cetera nicht erschlossen oder mich einem Thema noch nicht selbst gestellt habe, sprechen die KlientInnen diesen Bereich schwerer oder gar nicht an. **Ich glaube, wer selbst Leid oder schwierige Phasen durchlebt hat, kann sich auch besser einfühlen. Aber es ist nicht unbedingt notwendig, um jemandem**

wirklich begegnen zu können, wenn ich Präsenz übe, Achtsamkeit und Gewahrsein. Dafür brauche ich aber unbedingt die Gefühle. Denn wenn ich meine Gefühle nicht wahrnehme, kann ich auch nicht auf den anderen Menschen wahrhaftig eingehen. Das heißt, ich muss auch immer bei mir schauen, kann ich mich ganz aufmachen, meine Gefühle wirklich zulassen. Wenn ich spüre, heute bin ich nicht dazu fähig, weil ich selbst mit irgendwelchen Dingen belastet bin, muss ich mir das auch zugestehen können und dann ist das auch in Ordnung. Man muss nicht immer dieselbe Präsenz haben. Dafür ist es aber ganz wichtig, sich selbst gut zu kennen. Ich denke, auch in der Beziehung mit kranken Menschen darf es sein, dass ich mich einmal nicht so einlassen kann. Also, ein Ernstnehmen der eigenen Tagesverfassung, um dann entsprechend reagieren zu können. Hast du die Erfahrung gemacht, dass es leichter ist, wenn du es offen kommunizierst? **Ja, schon.** Wie machst du das zum Beispiel? **Wenn ich ganz achtsam und gewahr bin, höre ich die feinen Nuancen. Dann weiß ich, aha, da könnte ich jetzt einhaken, auch wenn das Thema nicht offen angesprochen wird, zum Beispiel das Thema Sterben. Wenn ich mich selbst nicht so gut fühle, kann ich es entweder einfach sein lassen oder sagen: „Wenn es Ihnen recht ist, würde ich gerne beim nächsten Besuch darauf zurückkommen." Das ist völlig in Ordnung. Natürlich, wenn ich merke, es ist jetzt wichtig, greife ich den Impuls auf.** Das Beispiel zeigt deutlich, dass wir nur authentisch reagieren können, wenn wir zuerst unsere eigenen Gefühle wahrgenommen haben. Nur wenn du dich selbst ernst nimmst und zu deinen Bedürfnissen stehst, kannst du dich abgrenzen. **Ja, und dann werde ich ernst genommen. Auch von den Kollegen und Kolleginnen. Mir ist es wichtig,**

dass ich mich im Team gut mitteilen kann und auch gehört werde. Dass ich erzählen kann, wie es mir geht und wie es mir bei meiner Betreuung ergangen ist und dass ich sagen darf: „Ich brauche jetzt einmal eine Pause. Kann den Hausbesuch jemand anderer übernehmen? Das geht mir zu nahe oder ist mir einfach zu intensiv im Moment." Angewandte Burnout-Prophylaxe, erwidere ich. Rechtzeitig die Bremse zu ziehen. Die ersten Signale von Überlastung wie Mattigkeit, Erschöpfung, Lustlosigkeit ernst zu nehmen. Sonst spricht der Körper für die Seele, wenn es ihr zu viel wird, und reagiert mit Krankheit. **Ja, das passiert immer wieder. Bei uns im Team gibt es glücklicherweise einen Kollegen, der ein gutes Gespür hat, ein offenes Ohr und merkt, wenn etwas echt intensiv war. Er fragt dann ganz konkret nach, und das finde ich sehr gut. Auch dass es jemanden gibt, der rechtzeitig Stopp sagt, bevor du zu weit drinnen bist.** Das spricht für euer Team! Mich fasziniert immer wieder dieses Phänomen: Solange du in einer intensiven Belastungsphase steckst, merkst du meist gar nicht, wie groß die Belastung ist. Aber sobald die Anspannung etwas nachlässt… **Ja, ich hatte gerade so eine Phase. Ich habe letzte Woche sehr viel gearbeitet und an zwei Wochenenden hintereinander Dienst gemacht, weil zwei Kolleginnen krank geworden sind. Ich habe mir gedacht, mein Lebensgefährte ist beruflich im Ausland und ich habe noch nichts vor. Okay, und dann hatte ich am Wochenende täglich vier bis fünf Patienten, am Samstag zehn Stunden und am Sonntag neun Stunden Dienst. Während der Woche habe ich nur ein bis zwei Patienten am Tag. Es gibt ja auch die Dienstbesprechungen, das Administrative und Organisatorische, Statistik, die Arbeit am Computer im Büro. Dinge wie Krankendokumentationen oder Anträge stellen für**

Pflegemittel und –stufen gehören ja auch ganz wesentlich zu unserem Alltag. Wie viele Tage hattest du Rufbereitschaft? **Fast eine Woche.** Non-Stopp? **Non-Stopp, ja.** 24 Stunden täglich. Fast eine Woche! Das heißt, du kannst jederzeit überall angerufen werden und musst sofort kommen**? Ja genau. Das war auch so. Ich unternehme bei Rufbereitschaft oft etwas, das ist machbar. Meistens ruft ja niemand an. Aber diese Woche wurde ich ein paar Mal angerufen und so musste ich den Kinosaal verlassen und während des Essens mit Freunden aufstehen und gehen. Das habe ich dann ein paar Tage später wirklich gemerkt, wohl auch, weil ich nicht – wie sonst üblich – vorher und nachher einen Tag frei hatte. Ich habe mich schon während der ganzen Woche auf das freie Wochenende gefreut. Ich brauche dann zwei Tage, an denen ich gar nichts vorhabe. Einfach einmal das Telefon ausschalten. Vielleicht hängt meine Sehnenscheidenentzündung ja auch damit zusammen. Ich werde zwar nicht schlimm krank, aber ein Zeichen bekomme ich doch bei Überbelastung. Es muss jedoch nicht so weit kommen.** Ja, aber wie gelingt es dir rein zeitlich, gut für dich zu sorgen? Wenn du so lange Arbeitstage und zusätzlich 24 Stunden Rufbereitschaft hast? Welche Möglichkeiten bleiben in so einer Phase, Psychohygiene zu praktizieren? **Ich verwende ein paar Methoden und Techniken, die im Alltag leicht durchzuführen sind. Zum Beispiel, wenn ich öffentlich unterwegs bin, habe ich zwischen den Patienten Zeit, wenn ich irgendwo in der Straßenbahn oder U-Bahn sitze, eine Zeitspanne, in der ich ganz abschalten kann, den letzten Hausbesuch noch nachklingen lasse und mich leer mache für den nächsten.** Ähnlich nütze auch ich die Zeit zwischen den einzelnen Therapiestunden, erzähle ich Ingrid. Machst du dir Notizen? **Nein, mache ich nicht. Wäre aber auch**

einmal eine gute Idee. Das liegt nicht jedem oder jeder, erwidere ich lächelnd und füge hinzu: Für mich ist es eine wunderbare Methode, aber ich scheine ja gerne zu schreiben. Wir lachen beide. Ingrid fährt fort: **Ich lasse meist in Gedanken Revue passieren, was war. Wenn ich mit dem Auto fahren muss, ist es ein bisschen schwieriger, weil ich mich dann auf den Verkehr konzentriere und nicht so abschalten kann.** Was hilft dir noch während solcher intensiven Arbeitsphasen? **Bewusst Pausen einlegen. Gerade am Wochenende kann ich es mir gut selbst einteilen. Dann rufe ich vielleicht beim nächsten Hausbesuch an und sage: „Ich komme erst in einer Stunde" und gehe einen Kaffee trinken. Also, ich nehme mir einfach diese Pause. Wenn etwas Akutes vorliegt, gehe ich natürlich gleich hin. Und am Abend lasse ich den Tag gemütlich ausklingen. Ich verabrede mich oft, aber bei Wochenenddiensten eher selten. Dann freue ich mich, wenn ich einmal wirklich einen freien Abend habe, abgesehen von der Rufbereitschaft. Und, was ich ganz gerne mache, wenn ich heimkomme, ist duschen.** Eine altbewährte, wirksame und einfache Methode, die viele Menschen unbewusst anwenden. Nach einem schwierigen Termin die Hände mit kaltem Wasser zu waschen oder duschen als bewusstes Abstreifen aller Belastungen. **Genau. Einfach den Tag wegwaschen und auch alle Emotionen. Ich mache mir wirklich bewusst, was alles an mir hängt und was ich mitgetragen habe. Manchmal sage ich ein buddhistisches Mantra dazu. Lautlos, auf Tibetisch. Es wird schon seit hunderten Jahren gesprochen, um sich von geistigen, körperlichen, psychischen Schwierigkeiten, Belastungen, Emotionen und so weiter zu „reinigen" im Sinn von bearbeiten und leer machen.** Eine gute Anregung. Duschen in diesem Bewusstsein zu zelebrieren. Was ich mir angewöhnt habe, erzähle ich Ingrid, vor jeder Sitzung eine kurze Atemübung durchzuführen. Kennst du da auch spezielle Techniken? **Ja, wenn eine Erfahrung sehr heftig war, lege ich meine Hände auf den Unterbauch und versuche, in den Bauch hinein zu atmen und das Erlebte noch einmal durchzugehen. Dabei kann es auch sein, dass mir die Tränen kommen. Das sind meistens so Mitgefühlgeschichten, die Vorstellung, wie es dem Menschen jetzt geht, was er aushalten muss – oft unglaublich. Während ich bewusst atme, lasse ich zu, dass diese Gefühle da sind und auch da sein dürfen, alles, was mich aus der Fassung gebracht hat, und versuche, mit dem Atmen wieder gut zu mir zu kommen.** Meine Methode ist ähnlich, erzähle ich Ingrid, wobei ich das bewusste Ausatmen mit einem Gedanken verstärke: „Ich lasse alles los" oder „Ich lasse alles los, was mich beschäftigt", und beim Einatmen denke ich mir: „Ich atme reines Licht ein" oder auch „Ich atme vollkommene Freude ein". Eine Technik, die ich in Wien bei Greta Adolf-Wiesner, einer ehemaligen Psychotherapeutin, kennen und schätzen gelernt habe. Heute arbeitet sie als Trainerin für kreative Bewusstseinsentwicklung. Denkst du dir auch zusätzlich etwas zum Ein- und Ausatmen, frage ich Ingrid. **Ja, ich mache für Patienten daheim öfters eine buddhistische Übung, auf Tibetisch heißt sie Tonglen, also Geben- und Nehmen-Praxis. Kurz gesagt, ich stelle mir den anderen vor und habe ein ganz offenes Herz und nehme all das, was schwer ist für diesen Menschen, beim Einatmen in mein eigenes Herz auf und beim Ausatmen schicke ich Licht und das Gefühl des Freiseins von diesem Schmerz, von diesen Belastungen. Also, es geht um Liebe und Mitgefühl. Wichtig ist, Tonglen anfangs zu üben, indem ich es für mich selbst mache. Diese Technik ist auch sehr hilfreich, wenn jemand im**

Sterben ist. Wenn du nichts mehr tun kannst, außer da sein. Oder ich kommuniziere in Gedanken mit dem Menschen und sage ihm: „Sie können ruhig loslassen und gehen. Es ist in Ordnung.“ Ich bin überzeugt davon, dass die Gedanken wahrgenommen werden, weil das Bewusstsein von Sterbenden viel feiner ist. Ich sage auch den Angehörigen, die oft glauben, sie können gar nichts mehr tun, dass sie viel tun können. Ich bin ganz sicher, dass wir sehr wohl durch diese Präsenz und durch dieses Dasein den Sterbenden unterstützen können. Ingrid und ich reden mittlerweile seit fast zwei Stunden. Unser Tee ist längst ausgetrunken und wir haben erst einen Teil des weiten Feldes „Selbstliebe, Psychohygiene“ besprochen. Für mich ein Zeichen, wie bedeutsam die Selbstfürsorge ist. Wir könnten uns noch über viele weitere spezielle Methoden, Techniken und Übungen austauschen. Wesentlich wichtiger ist jedoch meiner Meinung nach die Gestaltung des eigenen Lebens, die Haltung. Also, nicht nur das, was üblicherweise Freizeit genannt wird. Ingrid stimmt mir zu und fährt fort. **Sehr wichtig ist natürlich auch, dass ich meine Lebensfreude stärke und Dinge mache, die mir Freude bereiten. Das heißt Kino, Musik, tanzen, spazieren gehen, allein sein, meditieren, Qi Gong und natürlich auch gute Gespräche mit anderen. Aber ich muss ehrlich sein, ich rede über die Patienten mit meinem Lebensgefährten und mit engen Freunden nur ganz selten. Das mache ich fast nie, weil ich das Gefühl habe, ich will niemanden belasten. Das, worum es wirklich geht, kläre ich eher mit mir selbst oder mit anderen im professionellen Bereich.** In dieser Hinsicht unterscheidest du dich wesentlich von Astrid, meine ich zu Ingrid. Welche Rolle spielt für dich eine Partnerschaft? **Eine gute Beziehung zu haben, unterstützt mich. Jemanden zu haben, bei**

dem ich mich geborgen oder aufgehoben oder daheim fühlen kann. Und mich fallen lassen kann. Ich glaube, um das geht es auch oft, sich einfach fallen lassen können. Nichts sein müssen, nichts tun müssen, einfach nur sein können. Diesen Anspruch auch zu haben, dass einem das irgendwie zusteht. Ich weiß, es ist ein bisschen vermessen, aber ich habe schon das Gefühl, dass es einem zusteht. Ich finde das überhaupt nicht vermessen, erwidere ich. Es steht uns allen zu. Zum Problem wird es jedoch, wenn ich den Anspruch erhebe, sprich Erwartungen an meinen Partner richte, statt selbst dafür zu sorgen. Von daher ist die Bezeichnung „Anspruch“ irreführend, ich würde es lieber „Wunsch“ nennen. Der Wunsch nach bedingungsloser Liebe ist jedoch durch keinen anderen Menschen vollständig erfüllbar und weist daher meiner Meinung nach in den transpersonalen Raum. Was ich tun kann, ist, mich selbst anzunehmen, wie ich bin. Mich selbst lieben. Ingrid bejaht und wir beenden unser heutiges Gespräch. Sie ist mit ihrem Lebensgefährten verabredet. Eine Essenseinladung bei Freunden. Beim Geschirrwaschen lasse ich das Gesprochene nochmals Revue passieren und entdecke dabei, dass wir die Basics der Selbstliebe unerwähnt ließen: essen, trinken, schlafen, Bewegung, Entspannung, wohnen et cetera. Die vielen Dinge des Alltags, in denen ich mehr oder weniger gut für mich sorgen kann. Von meinen Gedanken bis hin zur Gestaltung meiner Umgebung und meiner Beziehungen. Tägliche Herausforderung und Chance. Das biblische Votum *Liebe deinen Nächsten wie dich selbst* ist meines Erachtens im Sinn einer Gleichwertigkeit zu interpretieren. Ein Gebot zur Selbstliebe ebenso wie zur Nächstenliebe. Ich kann meinen Nächsten nur so weit lieben, wie sehr ich mich selbst zu lieben vermag. Selbstliebe als Voraussetzung für Nächstenliebe.

Beziehungen

Donnerstag, 4. März 2010. Heute Nachmittag hatte ich wieder eine Besprechung mit Helga Zoglmann, der Lektorin dieses Buchs. Wie immer bin ich danach ermutigt. Ihr Interesse beflügelt mein Schreiben, ihr positives Feedback bestärkt. Als erste Leserin erzeugt sie einen Bezugsrahmen für meine Texte. Lebendiges Kommunikationsgeschehen. Ich bin dankbar für diese Beziehung, entstanden aus einem Arbeitskontext. Je älter ich werde, desto mehr freue ich mich über Beziehungen. Sich beziehen auf andere Menschen, auf die Natur und auf geistige Wesenheiten, wie Martin Buber es nennt. Bezogen sein in unterschiedlichster Weise bedeutet für mich Leben. In ein paar Minuten ist es 18.00 Uhr. Telefontermin mit Astrid. Diesmal habe ich das Thema bereits vorangekündigt. Meine erste Frage: Was heißt für dich Beziehung? **Ich habe nachgedacht und mir ist ein Spruch vom Dalai Lama eingefallen, ein ganz kurzer. Willst du ihn hören?** Wie immer sage ich: Ja, bitte – und bin neugierig. **„Bedenke, dass die beste Beziehung die ist, in der jeder Partner den anderen mehr liebt als braucht." Das bringt es gut auf den Punkt. Wenn ich mehr Zuneigung zu anderen spüre als das Bedürfnis, gebraucht zu werden oder gebraucht werden zu wollen oder den anderen zu brauchen.** Dem kann ich nur beipflichten. Ich unterscheide diese Dynamik gerne mit folgendem Wortspiel: Ich liebe dich, weil ich dich brauche – ich brauche dich, weil ich dich liebe. Gerade in Paarbeziehungen findet oft eine Verwechslung von Lieben und Brauchen statt. Wie aber lässt sich diese Aussage des Dalai Lama im Hospiz verwirklichen? In professionellen Beziehungen, wenn der andere pflegebedürftig ist und abhängig von deiner Hilfe? **Wir denken, Abhängigkeit ist gleichgesetzt mit Funktionsuntüchtigkeit, ich kann nicht mehr aufstehen et cetera. Und das ist die Crux. Wir sind nicht unselbstständig oder weniger autonom, wenn wir uns nicht selbst versorgen können oder bedürftig sind.** Sondern, frage ich erstaunt. Ich denke an jemand, der darauf angewiesen ist, dass jemand anderer seine intimsten Körperstellen pflegt und die Einlage wechselt. **Er ist immer noch ein ganzer Mensch! Wenn du dich selbst nicht mehr reinigen kannst, hängt es davon ab, wie jemand mit dir umgeht. Meine Haltung ist: Ich versuche deine Hände zu sein für das, was du nicht mehr kannst. Mehr ist es nicht. Ich bin sozusagen ein Ersatzteillager für dich. Dadurch bist du wieder ganz.** Mich überzeugt das noch nicht. Was heißt ganz? Was macht den Menschen ganz? **Wenn wir uns unabhängig von der Situation für ganz halten. Für mich bist du, wenn du pflegebedürftig bist, nicht weniger ganz. Auf dieser seelisch-geistigen Ebene – brauchst du mich da? Sonst hätten wir ja eine Abhängigkeitsbeziehung.** Du meinst, nur weil jemand auf der körperlichen Ebene Hilfe braucht, heißt das noch lange nicht, dass er auf der seelisch-geistigen Ebene Hilfe braucht? **Ganz genau!** Ich bin immer noch skeptisch. Bist du nicht zumeist mit Menschen konfrontriert, die das anders sehen? **Ja, das kenne ich auch von mir selbst, wenn ich krank bin. Es kommt sehr darauf an, wie wir in solchen Situationen damit umgehen und andere mit uns umgehen. Ob ich mich noch gleichwertig fühlen kann, wenn ich schwach und bedürftig bin. Das ist die Gratwanderung in der Beziehung, dass ich mich aufgehoben, aber nicht kleiner fühle als du.** Wie gelingt es dir, diese Gleichwertigkeit Menschen zu vermitteln, die das Gefühl haben, kleiner zu sein als du? Einfach weil sie hilfsbedürftig sind? **Na ja, ich frage viel, weil mich der andere als Ganzes interessiert, zum Beispiel: „Was braucht's jetzt, dass Sie sich wohl fühlen können? Was kann ich dazu beitragen, damit Sie sich besser fühlen?"** Damit sprichst du auch die seelisch-geistige Ebene an, wende ich ein. **Ich überlasse den anderen stets die Entscheidung. Ich mache Angebote, wie wäre es denn damit oder damit. So bleibt er oder sie immer ganz.** Weil du dem Gegenüber die Entscheidung lässt und ihn nicht entmündigst? **Genau. Das macht es möglich, dass in der professionellen Beziehung das entstehen kann, was der Dalai Lama sagt.** Respekt und Liebe als Schlüssel. Nur so kann der Spagat zwischen Autonomie und Bindung gelingen. Der so genannte Zeitgeist, geprägt vom Ideal der Individualität und Selbstständigkeit des Einzelnen in der europäischen Moderne, wirkt jedoch erschwerend. Hilfe zu brauchen, darauf angewiesen zu sein, wird rasch mit einem Verlust an Eigenständigkeit und mit Abhängigkeit gleichgesetzt. Ich kenne das von vielen, auch von mir selbst. Astrid: **Ich habe das unlängst bei einem Ehepaar erlebt. Sie haben keine Freunde gehabt, keine Menschen, mit denen sie herzlich verbunden waren. „Wir brauchen niemand, wir brauchen nur uns", haben sie gesagt und dann ist einer von beiden krank geworden. Und sie haben ein schönes Haus in der Pampa gebaut, das symbolisiert es noch mehr. Und indem einer krank wurde, brach das ganze Gebäude zusammen. Für beide.** Kamen sie zu diesem Zeitpunkt zu euch ins Tageshospiz? **Ja. Und der Mann hat zu mir gesagt: „Der größte Fehler von uns war, zu meinen, dass wir niemand brauchen. Wir brauchen Beziehungen."** Der Mensch als Beziehungswesen. Welche Rolle spielt das Team in der Hospizarbeit? **Eine ganz große, es hat Vorbildfunktion. In dem Maße, wie sich die einzelnen Teammitglieder aufeinander beziehen, gibt es den Erkrankten und Angehörigen Sicherheit, Kraft und Vertrauen. Wenn wir nicht als Einzelkämpfer agieren, sondern als Team, wirkt es sich positiv aus.** Eine spannende Erkenntnis. Das Team als Modell, wie Menschen miteinander umgehen und Beziehung vorbildhaft leben können. Ich zumindest habe das eindrücklich im CS Hospiz Rennweg erlebt. Heißt das für euch, dass die Notwendigkeit eines guten Teamgeists in doppelter Hinsicht besteht, sowohl für die Erkrankten und ihre Angehörigen als auch für euch selbst? **Wenn ich mich im Team nicht gut aufgehoben fühle, kann ich dort gar nicht arbeiten.** Weil das Leid nur gemeinsam aushaltbar ist? **Ja, genau. Zum Beispiel das Thema Offenheit: Ich muss nicht alles Private von meinen Kollegen und Kolleginnen wissen, aber wie sie gestimmt sind, das brauche ich. Ebenso, wenn jemand von uns an seine Grenzen kommt, dass es offen gelegt wird und wenn ich an meine Grenze komme, muss ich sagen: „Jetzt kann ich nicht mehr." In einem guten Team passiert dann: „Das macht nichts, Astrid, ruhe dich aus, ich gehe hin!" und umgekehrt würde ich das für die anderen auch tun. Das ist ganz wichtig. Wenn ich die Kraft nicht habe, in ein Familiengespräch zu gehen und verpatze es dann, ist das falsches Heldentum.** Mich hat im Hospiz überrascht, wie viel Austausch untereinander stattfand, wie viel Kommunikation über das eben Erlebte. **Bei uns ist das auch so. „Wie war das jetzt für dich?" zu fragen, ist selbstverständlich. Wir führen viele Gespräche im Laufe eines Tages. Am deutlichsten wird die Bedeutung von Beziehung, wenn du Rufbereitschaft hast. Wir verständigen uns telefonisch, und da ist es für beide ganz wichtig, einen guten Draht zueinander zu haben.** Gerade weil es so oft um Akutsituationen geht? **Genau. Die Ärztin muss sich auf mich als Pflegeperson verlassen können und umgekehrt. Die Pflegeperson ist meist die, die zuerst zum Erkrankten nach Hause fährt.** Hierarchien dürfen in diesem Fall nicht dazwischen stehen, werfe ich ein. **Genau. Unsere Ärztin formuliert das so:**

„Ich muss durch deine Augen auf den Menschen schauen können." Dadurch bekommt sie ein Gefühl dafür, was vor Ort ist. Sie als Letztverantwortliche braucht viel Vertrauen zu uns Pflegepersonen. Da hilft nicht Hierarchie, nur Beziehung. Darum sagt man ja, dass Palliativteams flachhierarchische Teams sein sollen. Einige Kriterien: Vertrauen, Offenheit, sich verlassen können, die anderen ernst nehmen, Fähigkeit zu Kritik und Wertschätzung sowie fachliches Können. Du lebst beruflich intensiv Beziehungen, wie wirkt sich das auf deine private Beziehungsgestaltung aus? **Ich brauche privat Menschen, die tiefer in sich hineinschauen wollen und können, die eine differenzierte Welt- und Menschensicht haben.** Was heißt das zum Beispiel? **So wie mit dir.** Wir lachen gemeinsam und Astrid fährt fort. **Ich glaube, das kennst du auch. Ich kann mit anderen Menschen nicht dauerhaft auf einer gewissen Oberflächlichkeit existieren, sonst verhungere ich. Ich brauche, dass ich ganz selbstverständlich auch über schwierige, unangenehme, schmerzhafte Themen sprechen kann.** Und die anderen dabei mitkönnen, ergänze ich. **Ja. Ich könnte nicht mit Menschen befreundet sein, die so viel von sich selbst ausschließen, die sich nur auf sich selbst beziehen. Das wird mir ziemlich schnell über. Für die Dauer einer Vernissage oder eines Festes geht's. Ich brauche Menschen, die den Mut haben, sich in Frage zu stellen.** Wie wirken sich die Belastungen deines Berufs auf deine Liebesbeziehung und deine Freundschaften aus? **Wenn ich mehrere belastende Tage hintereinander hatte, dann kann ich in der Regel nicht zu normalen Veranstaltungen gehen, wo Menschen aufeinander treffen, die damit überhaupt nichts zu tun haben. Das tut mir selten gut.** In dieser Hinsicht unterscheidest du dich deutlich von Ingrid. Interessant! Was brauchst du an solchen Tagen? **Natur, aber auch Nähe in meiner Liebesbeziehung. Ich brauche Aufgehobensein, Zuhören, Gehörtwerden, dass das, was ich gefühlt habe, Raum hat. Jemand, der den Mut hat, mich auszuhalten.** Wie schaut deine Beziehung zur Natur aus? Fühlst du dich eingebunden in die Natur, in ein größeres Ganzes? **Ja, total, in der Natur habe ich das innigste Heimatgefühl, ob Wiesen, Wälder, Berge, Flüsse, das ist egal. Wenn ich spazieren gehe und sehe, wie alles wächst in diesem Rhythmus von Werden, Aufblühen, Reifen, Welken, dann komme ich innerlich zur Ruhe. Das ist wie ein Aufgehobensein in etwas Größerem. Es passiert, dass es wieder Frühling, Sommer, Herbst, Winter, Frühling wird, und ich kann einfach teilhaben. Das rieche, schmecke und fühle ich. Es ist die pure Nahrung.** Das heißt, dass du dich als einen Teil davon erlebst? **Ja, völlig! Ich bin manchmal sauer, wenn ich so viele Gedanken habe, die noch gedacht werden wollen, weil ich mich dann nicht ganz einlassen kann.** Von Spaziergängen mit Astrid meine ich zu wissen, dass sie die Umgebung anders wahrnimmt als ich. Als Kind der Aufklärung, geprägt von Philosophie und Theologie, erlebe ich mich viel stärker getrennt, als Gegenüber zur Natur, und kenne dieses Erlebnis des Einsseins nur aus kurzen Momenten. Kostbare, mystische Erfahrungen, aber kein konstant anhaltendes Gefühl. Frage an Astrid: Erlebst du das hin und wieder oder oft? **Weißt du, wenn ich jetzt aus dem Fenster blicke, ich sitze in meinem Büro und schaue auf einen Baum, dann ist das sofort da. Wie das Licht durch die Blätter fällt, da spürst du richtig das Leben. Das ist meine früheste Kindheitserinnerung, es muss der erste oder zweite Sommer gewesen sein. Die Mama hat den Kinderwagen unter den Pflaumenbaum gestellt und mein Blick ging hoch und ich sah, wie das Licht durch die Blätter scheint. Vielleicht wird es dadurch deutlich, dass ich mich darin so aufgehoben fühle. Ich bin meiner Mutter sehr dankbar, dass sie mir dieses Bild mit ins Leben gegeben hat.** Wie erlebst du die Beziehung mit Gott oder wie immer du es nennst? **Für mich ist Gott in allem. In jedem Stein, in jeder Pflanze, in jedem Menschen.** Eine Erfahrung, die viele MystikerInnen unterschiedlicher Religionen beschreiben. Was löst das bei dir aus? **Ruhe. Durchatmen. Alles ist in Ordnung. Die Welt ist gut.** Der Kontrast könnte kaum größer sein. Du arbeitest mit Menschen, bei denen scheinbar gar nichts gut ist. **Ja, das stimmt. Aber ich halte es nicht für schlecht, was passiert. Hielte ich es für schlecht, hätte ich lauter Feindliches, das ich bekämpfen müsste. Das, was ich nicht bekämpfen muss, kann ich annehmen.** Hattest du diese Vorstellung von Gott in allem schon von Jugend an? **Ich hatte sie sicher von Anfang an, aber es gab Jahre, in denen sie in Vergessenheit geraten ist, da habe ich so viel gekämpft.** Wie gelang es dir, dich wieder zu erinnern? **Durch menschliche Begegnungen. Durch das Einlassen auf den anderen und auf mich selbst. Ich glaube durch den Mut, jemand anderen und mich selbst zu lieben. Mit allen Schwächen, mit allem, was wir Unzulänglichkeiten nennen.** Dem bleibt nichts hinzuzufügen. Wieder einmal hat sich der Bogen im Gespräch mit Astrid wie von selbst geschlossen. Wohl auch ein Ausdruck unserer Beziehung.

Mut

Kalt
Das Bett
Meine Haut
Der Stein

Wo bist du
Wo ankommen

Laut das Sehnen
Heiß der Wunsch

Mut zur Nähe
Wagnis Vertrauen
Pause für die Angst
Urlaub für den Verstand

Freiheit der Seele
Lieben

FRÜHLING

Violett

Violett in drei Schattierungen. Dunkles Indigo, kräftiger Purpur und zartes Lila. Ein prachtvoller Strauß Flieder steht in meinem Arbeitszimmer und erfüllt den Raum mit Frühlingsduft. Aufbruch mit allen Sinnen, Verheißung des Lebens, Übergang zu Neuem. Violett verkörpert für mich eine geistige Farbe. Weisheit, Spiritualität und Mystik assoziiere ich mit ihr. Die Farbe der Transformation, Transzendenz und Innenschau, manchmal auch gemischt mit einem Hauch von Trauer. Die liturgische Farbe von Advent und Fastenzeit. Violett war auch das Seidentuch, das Margareta Reisinger trug. Im Kinofilm verewigt als letztes Bild vor dem Abspann. Während der Drehzeit habe ich folgende Zeilen notiert:

Es war ein intensiver Tag mit Frau Reisinger. Länger und intensiver als alle anderen. Es war zugleich ihr letzter Tag. Wir dokumentierten fast alles. Ein Höhepunkt: ihr Sitzen auf der Hospiz-Terrasse. Der letzte warme Herbsttag. Rosa-orange sich verfärbender Himmel. Der Tonmeister und ich froren. Sie fühlte sich wohl, saugte alles Leben ein. Vogelgezwitscher. Friedvolle Ruhe. Über ihrem Haar mein violetter Seidenschal. Unvergesslich. Als Krönung des Tages ein weißer Spritzer, aus dem Schnabelbecher. Ich scheute ein weiteres Interview. Zu müde und in sich gekehrt erschien sie mir. Die Nachtdienstschwester umsorgte sie liebevoll. „Umarmen Sie mich", so ihr Tipp, wie der Transfer vom Rollstuhl ins Bett leicht fallen konnte. Das letzte Bild: Margareta Reisinger schlafend. Das Zimmer dunkel. Hell die Fenster des gegenüberliegenden Hauses. Goldgelb die Herbstblätter hinter dem Vorhang. Die letzten Atemzüge.

Aus heiterem Himmel hatte Fr. R. an ihrem letzten Tag plötzlich zu mir gesagt: „Ihren Haaren kann man täglich beim Wachsen zusehen."

Der Anblick der Verstorbenen beglückte mich ganz eigen. Sie lag so schön da, schaute unerhört friedlich aus. Das Überraschende, ein Wunder: Das Antlitz war geglättet. Die Spuren des Hautkrebses verschwunden. So als ob sie jeden Moment ihre Augen öffnen könnte für: „Meine Herrschaften, sind Sie schon wieder da!" – Große Dankbarkeit erfüllt mich. Dankbar, ihr begegnet zu sein. Dankbar für das Vertrauen, auch das ihrer Familie.

Wenige Tage vor ihrem Tod führte ich ein langes Interview mit Margareta Reisinger. Eine beeindruckende, starke Frau. Ein Leben lang Gastwirtin und liebevolle Mutter, Großmutter und Urgroßmutter. Ich fragte sie direkt, wie sie über das Sterben, den Tod und das Danach denke. Ihre Antwort ebenso direkt und ehrlich:

Ich glaub' es nicht gar so. Ich glaub' es nicht, dass man dann in den Himmel kommt. Weil, mit was soll man denn? Ja, mit der Seele, nicht? Die Seele kommt in den Himmel. Ja, aber wer ist denn die Seele? Das weiß man auch nicht. Ich sag's nur, weil Sie mich gefragt haben. Weiß ich nicht, wie das geht dann. Ich hab' eine Cousine gehabt, die war sehr christlich. Wenn die nicht in die Kirche gegangen wäre! Aber, sie hat zu mir gesagt damals, sie war ein 18er-Jahrgang, ich bin eine 14er, mein Bruder war ein 17er, und sie hat gesagt, aber das glaub' ich nicht, dass es nach dem Tod noch was gibt. Sie meint halt, dass man stirbt. Also, dass es aus ist. Ich weiß es auch nicht. Aber, ich schlafe jetzt auf d'Nacht ein, und in der Früh werd' ich munter, das hab' ich schon drei Mal jetzt gemacht. Da denkt und da träumt mir gar nichts, so richtig nichts. Dann denk' ich mir, siehst du, so wär' das Sterben! Aber, es ist halt so. Nein, so richtig weiß ich es nicht. Aber ich bin ja schon knapp davor. Mit 91 sind'S knapp vorm Sterben. Müssen Sie ja sein.

Der springende Punkt: Frau Reisinger hatte keine Angst. Und das blieb auch so. Sie ist friedlich im Kreis ihrer Familie am Vormittag gestorben. Sie hatte alles geregelt, bis hin zum kirchlichen Begräbnis. Römisch-katholisch. Die Frage nach dem Danach erwies sich als eine theoretische. Zumindest für sie. Eine Erfahrung, die ich immer wieder im Hospiz und in der Begegnung mit sterbenden Menschen gemacht habe. Wer nicht bis dahin einer Religion anhing, wird auch am Ende nicht religiös. Wer nicht ein Leben lang den Trost der Kirche schätzte, sucht ihn auch dann nicht. Wer nicht davor eine spirituelle Praxis übte, fängt auch nicht kurz vor dem Tod damit an. Nicht Theologie, Philosophie oder große Worte und Rituale zählen am Ende, sondern Leben bis zum letzten Atemzug und das Da-Sein der Begleitenden. Für mich als evangelische Theologin eine überraschende Erkenntnis. Für manche aus dem Kinopublikum ein Skandalon. Besonders in kirchlichen Kreisen.

Als Filmemacherin wollte ich mit „Zeit zu gehen" ein paar Botschaften vermitteln. Vordergründig: Im Angesicht des Todes geht es um das Leben – Sterben ist eine normale Lebensphase

– Angst lindern durch Enttabuisierung. Hintergründig, quasi als Goldgrund, wie das Gold bei der Ikonenmalerei: meine eigene Gewissheit, es gibt ein Leben nach und vor diesem Leben – *Du zählst, weil du bist, wer du bist. Und du zählst bis zum Moment deines Lebens.* (Cicely Saunders). Meine spirituelle Botschaft war nur implizit vermittelbar. Die Begleitenden als Hände Gottes, wenn ich es in traditioneller Sprache formuliere. Von den Betroffenen selbst habe ich nichts explizit Religiöses oder „Tröstliches" in Erfahrung bringen können, außer – und das ist meines Erachtens sehr, sehr viel: Ehrfurcht vor dem Leben, Dankbarkeit, Erkenntnis der Kostbarkeit des Lebens und der Bedeutung von Beziehungen und Liebe, Annahme ihres eigenen Lebens und damit auch ihres Todes. Vielleicht fängt genau hier wahre Spiritualität an – fernab von Dogmen, Traditionen und überlieferten Vorstellungen.

Der Vollständigkeit halber sei an dieser Stelle betont: Wer sich im CS Hospiz Rennweg die Begleitung eines Seelsorgers oder einer Seelsorgerin wünscht, erhält sie natürlich. Von der katholischen Krankensalbung bis hin zum muslimischen Gebet. Doch Zwangsbeglückung wehrloser Menschen gibt es keine. Niemand betritt unaufgefordert und unerwünscht das Zimmer eines Sterbenden. Insofern ist für mich dieses christliche Haus – die Caritas Socialis ist eine katholische Schwesternschaft – vorbildhaft für Respekt. Bis zuletzt.

Dieses Kapitel möchte ich wieder mit Ludwig Wittgenstein beenden, und zwar mit seinem letzten Satz aus dem „Tractatus logico-philosophicus": *Wovon man nicht sprechen kann, darüber muß man schweigen.*

Astrid Leßmann

Heilwerden

28. April 2010, 17.00 Uhr. Mein letztes Telefonat mit Astrid für dieses Buch. Ihre Stimme klingt matt, als sie sich meldet. Sie bestätigt meinen ersten Eindruck. Erschöpfung. Doch in drei Tagen beginne endlich ihr Urlaub. Die erste Woche werde sie auf Juist, einer ostfriesischen Insel, verbringen. **Mit der Nordseeküste verbinde ich Stille und Einkehr,** erzählt sie. **Hier in Salzburg gibt es so viele Berge und Widerstand, aber auch Anregung.** Was erhoffst du dir von dieser Reise, will ich wissen. **Ausatmen und durchatmen. Ich habe so viel in mir, das der Wind gerne mitnehmen darf, so vieles, das ich gefühlt und gedacht habe. Wenn ich mir dann Ebbe und Flut anschaue, kann ich ausatmen.** Allein die Vorstellung dieser Erfahrung scheint zu wirken. Denn Astrid klingt belebter und beginnt vom Tageshospiz zu erzählen.

Heute geschah etwas ganz Berührendes. Eine Frau, Mitte 50, sie ist schon länger bei uns und wird bald sterben. So schaut's aus. Heute nimmt Frau Schmidt meine Hand und sagt: „Es ist so schön, Sie kennen gelernt zu haben." Das klingt nach Abschied, meine ich. Wie hast du geantwortet? **Ich freue mich auch, Sie kennen gelernt zu haben. Das geht mir ganz nahe, wenn Sie das sagen.** An

Astrids Stimme höre ich, wie bewegt sie von dieser Begegnung noch immer ist. Ich erfahre, dass die Patientin Lungenkrebs hat und Metastasen. Überall. In den Knochen, in der Leber, im Gehirn. **Vor einer Woche,** setzt Astrid fort, **hat Frau Schmidt zur Hospizärztin gesagt: „Ich fühle mich so schwach und weiß nicht, ob das von der Bestrahlung kommt oder der Anfang vom Ende ist."** Heute habe es wieder ein Gespräch gegeben, zu dem die Hospizärztin und Astrid das Ehepaar Schmidt eingeladen haben. Ihr Ziel: Zu schauen, ob die beiden in einem Boot sitzen. **Das Ergebnis war erschütternd und erstaunlich,** nimmt Astrid vorweg und schildert das Gespräch mit den beiden. Die Ärztin habe betont, wie wichtig es sei, offen zu reden und Frau Schmidt gefragt, ob sie etwas aus dem vorangegangenen Gespräch erzählen dürfe. Als diese zustimmend genickt habe, habe sie – zum Ehemann gewandt – die Worte seiner Frau wiederholt: **„Ich weiß nicht, ob das der Anfang vom Ende ist." Daraufhin konnte sich Herr Schmidt öffnen. Er wirkte auf mich wie ein verletzlicher Junge, der sich ganz eng an seine Frau lehnte, mit sehr viel Körperkontakt. Sehr berührend. Dann haben wir nachgeforscht, ob er den Begriff „Hospizkarenz" kenne, das Recht auf bezahlte Freistellung von der Arbeit. Zu unserer Überraschung wusste er alles, er hatte sogar schon die Broschüre „Begleiten bis zuletzt", einen Ratgeber für Angehörige, gelesen. Was sich am nächsten Tag ergeben hat, war phänomenal. Herr Schmidt hatte sich Urlaub genommen und kam mit seiner Frau zu uns ins Ta-**

geshospiz. Sie sagte: „Endlich ist Schluss mit diesem gegenseitigen Vorenthalten und Schonen. Wir reden jetzt darüber und das tut gut!" Erklärend fügt Astrid hinzu: **Wenn es ihr schlecht ging, hat sie bisher ihren Mann hinausgeschickt.** Auch mich berührt diese Wende, eine heilsame Wende. Denn es ist oft so, dass schwerst kranke Menschen ihre Angehörigen zu schützen versuchen und umgekehrt. Sprich, sie konfrontieren ihre Lieben nicht mit ihrem baldigen Sterben und die Angehörigen wagen es nicht, das Thema anzuschneiden. Das Ergebnis: Niemand fühlt sich wohl dabei – das aber gemeinsam. Eine Strategie, bei der kostbare Zeit verloren geht. Zeit, um Wesentliches miteinander zu besprechen, solange die Kraft noch reicht. Unwiederbringliche Chance zur Offenheit. Chance zur Wahrhaftigkeit im Angesicht des Todes. Warum habt ihr das Gespräch mit den beiden initiiert, will ich wissen. **Wir hatten ihn nochmals eingeladen, weil wir wussten, dass es bald zu Ende gehen kann. Wir haben es ihr angesehen. Sie hat auch zu ihm gesagt: „Weißt du, ich mag einfach nicht mehr." Das Spannende: Am nächsten Tag ging es ihr viel besser. Vermutlich, weil sie nicht mehr gekämpft hat, das kostet viel Kraft. Gestern kam sie wieder sehr schwach, sie hat ganz große Aufs und Abs, isst kaum noch etwas, ist sehr dünn, aber noch mobil und braucht keine Betreuung zu Hause. Nur eine ehrenamtliche Hospizbegleiterin besucht sie regelmäßig. Momentan ist es Frau Schmidt total wichtig, täglich ins Tageshospiz zu kommen. Sie fühlt sich bei uns gut**

aufgehoben, umsorgt – und ihr Mann ist entlastet. Also, das Gespräch war notwendig, um sie auf Augenhöhe begleiten zu können. Auf Augenhöhe zu begleiten – eine treffende Metapher für Respekt. Bei den Dreharbeiten für meinen Kinodokumentarfilm war es mir auch im wortwörtlichen Sinn ganz wichtig, dass die Kamera auf Augenhöhe mit den HospizbewohnerInnen steht. Von oben herab auf die ProtagonistInnen zu schauen, ist leider eine Usance im Fernsehen, zumeist unbeabsichtigt eingesetzt, aber mit großer Wirkung für die ZuseherInnen. Denn unbewusst wird jedes (Macht-)Gefälle wahrgenommen. So erzeugt es einen enormen Unterschied, ob ich beim Gespräch mit einem Menschen, der im Rollstuhl sitzt oder im Bett liegt, selbst stehe oder sitze. Meiner Erfahrung nach schafft erst dieselbe Augenhöhe die Voraussetzung für echte Begegnung. Auf dieser Basis und mit einer wertschätzenden Haltung war es mir möglich, unheilbar kranke Menschen in der letzten Lebensphase sehr Persönliches zu fragen, wie zum Beispiel: „Gibt es noch etwas, das Sie erledigen möchten?" Cicely Saunders, die Begründerin der Hospizbewegung in Europa, hat die Bedeutung dieser „unerledigten Dinge" vor Jahrzehnten erkannt und benannt. Denn vielfach braucht es die offene Frage, damit Menschen ihre letzten Wünsche zu formulieren wagen. Sei es den Wunsch, noch einmal ans Meer zu fahren, das eigene Begräbnis vorzubereiten oder sich mit jemandem noch rechtzeitig auszusprechen. Professionellen BegleiterInnen im Hospiz fällt es vielfach leichter, angstfrei Fragen zu stellen als Angehörigen. Und für die Betroffenen bedeutet es eine enorme Erleichterung, wenn ihre letzten Wünsche in Erfüllung gehen. Oft die Voraussetzung, um in Frieden sterben zu können. Von Astrid will ich daher wissen, wer im Tageshospiz

Frau Schmidt fragt, ob sie noch etwas erledigen möchte. **Ihre ehrenamtliche Begleiterin hat mit ihr rechtzeitig über diese Themen gesprochen und sie gefragt, ob in ihrem Leben noch etwas offen sei. Ich hatte sogar ein Beratungsgespräch mit dieser Ehrenamtlichen, weil sie so bedrückt war. Frau Schmidt hat nämlich eine Tochter, Ende 20, Alkoholikerin, mit der sie den Kontakt abgebrochen hat. Die Ehrenamtliche hat sie einige Male darauf angesprochen, aber sie ist nicht darauf eingegangen. Die Mitarbeiterin fühlte sich sehr belastet, weil sie ein Gespräch mit der Tochter für so wichtig hielt.** Das ist nur eine Annahme, rutscht mir heraus. **Ja, die heile Welt ist relativ. Ich habe der Ehrenamtlichen dann eine Geschichte erzählt, die mich viel gelehrt hat. Ich habe Jahre gebraucht, bis ich sie begriffen habe. Willst du sie hören?** Ja, bitte! Ich bin gespannt.

Ich war damals noch in Wien bei der Caritas Socialis als mobile Palliativschwester tätig, beginnt Astrid zu erzählen, **und die Geschichte handelt von einer älteren Dame, die ich längere Zeit zu Hause begleitet habe. Also, diese Frau, Mitte 70, sie wohnte im 9. Wiener Gemeindebezirk, hat mir erzählt, dass sie als junges Mädchen im Volksschulalter mit ihren drei älteren Brüdern in einem winzigen Kabinett hausen musste. Drei Pubertierende, die sich**

regelmäßig an ihr vergangen haben. Sie hat dann Jahrzehnte lang keinen Kontakt mit ihnen gehabt. Wir haben sie längere Zeit zu Hause begleitet. Eine sehr, sehr eigensinnige, starke Frau. Ledig, „ent-ledigt", eine Tochter, ihr ähnlich, aber weicher. Geschmackvolle Wohnung! Ich durfte ein paar Tage für sie das Frühstück richten, da bekommst du viel mit. Der Umzug ins Hospiz war für sie ganz, ganz schwer. Diese Frau war ein unglaublich autonomer Mensch. Einen Tag vor dem Termin, auf die Station zu kommen, hat sie sich von der Nachbarin die Haare aufdrehen lassen, ich musste sie duschen. Unglaublich, wie sie das alles mit den letzten Kräften vollbracht hat. Und weil ich sie gemocht habe, habe ich mich schick gemacht, als ich sie am nächsten Tag abgeholt habe. Blazer, weiße Bluse, schwarze Hose. Und sie hat sich geschminkt: Lippenstift, die blauen Augen nachgezogen, blondierte Haare. Sie hat hübsch ausgeschaut. Und ich habe ihre Sachen zusammengepackt, nach ihrem Geheiß, dann kam die Rettung und wir sind zusammen ins CS Hospiz Rennweg gefahren. Unvergesslich bis heute, wie sie zu mir gesagt hat: „Schließen Sie bitte hinter mir die Tür ab!" Und wir wussten beide, sie wird nie mehr in diese Wohnung zurückkehren. Ich war ganz still, weil sie emotional so konzentriert war, aufrecht, zutiefst würdevoll. Ich denke gerne

an sie. Dann habe ich sie auf der Station noch ein paar Mal besucht. Und jetzt kommt der Kern der Geschichte. Eine der Hospizärztinnen erzählt mir: „Stell dir vor, heute sind ihre drei Brüder gekommen und haben bei mir angefragt, wie es ihr geht, sie wollen sie besuchen und sich versöhnen." Und was hat die Dame gesagt? „Schicken Sie sie fort!" Nichts ist mit Verzeihen. Damals haben wir das nicht verstanden. Jahre später habe ich erkannt, dass das die Lösung war. Jetzt war sie schwach, wieder ausgeliefert, wie einst als Kind, aber sie hat Nein gesagt und sie wurde gehört. Und es gab Menschen, die sie unterstützt haben, füge ich hinzu. Die ihren Willen respektiert haben. Denn das gilt im Hospiz als höchste Priorität, die Bedürfnisse und Wünsche der BewohnerInnen wahrzunehmen, ernst zu nehmen und soweit es möglich ist auch zu erfüllen. **Damals haben wir gedacht, wie schlimm. Heute bin ich ihr dankbar, dass sie mich das gelehrt hat. Damals konnte ich nicht mehr zu ihr gehen, weil mein Herz nicht klar war. Das ist gut so gewesen. Ich habe gelernt, dass ich nur so viel Mitgefühl habe, wie weit ich gehen kann. Sich zu einer Sterbenden zu setzen, ohne dieses Mitgefühl, nein! Da bleibe ich lieber fern. Du kannst nicht da sein für jemanden, wenn du denkst, du weißt es besser. – Sie ist kurz danach gestorben.** Ich bin Astrid dankbar, dass sie mir diese Begebenheit erzählt hat. Spiegelt sie doch echten Respekt und auch Demut wider. Ich zumindest halte es für Hybris, jemand anderen seine eigene „Wahrheit“ oder „Lösung“ aufzwingen zu wollen. Im extremsten Fall denen, die sich nicht mehr wehren können: sterbenden Menschen. Jegliche Weltanschauung mutiert dann unweigerlich zur Ideologie. Sei es Religion, Esoterik oder sonstiges so genanntes ExpertInnenwissen.

Ingrid Marth

Leben

Montag, 10. Mai 2010, 17 Uhr. Das letzte „Interview" mit Ingrid. Zu meiner Überraschung bringt sie Geschenke mit. Eine schöne Dose, gefüllt mit China Milky Oolong, einem leichten Grüntee mit feiner Milchnote, ihr derzeitiger Favorit, und einen Lemongras-Raumspray, mein Lieblingsduft, überaus hilfreich bei Schwere, Depressionen und Angst. Ein Stück Geburtstagsfreude im Nachhinein. Der Gugelhupf, den ich heute extra in einer kleinen alten Bäckerei in der Wiener Innenstadt gekauft habe, passt hervorragend zum Tee und schmeckt wie selbstgebacken. Köstliche Ingredienzien für unser heutiges Thema „Leben". Was bedeutet Lebensqualität im Kontext Hospiz, will ich als erstes von Ingrid wissen. **Lebensqualität ist etwas sehr Individuelles. Auch wenn ich alles anbiete, was mir gut täte, hilft es jemandem anderen vielleicht überhaupt nicht. Also muss ich schauen, was bedeutet Lebensqualität für den Einzelnen. Ich kann es nicht wissen.** Wie findest du heraus, was für den jeweiligen Menschen gut oder wichtig wäre? **Durch Fragen. Ich sage zum Beispiel: „Was hat Ihnen früher Freude bereitet?" Oder: „Was hat Ihnen früher in einer anderen schwierigen Situation geholfen?" Oder: „Was wäre ein Wunsch, den Sie haben, den wir Ihnen vielleicht erfüllen können oder wobei wir Sie unterstützen könnten?" Es kommt öfters vor, dass jemand unbedingt noch irgendetwas machen möchte. Und wir versuchen, es zu ermöglichen. Manchmal aber gibt es Menschen, die**

einfach nichts wollen. Das ist für uns im Team eine Herausforderung, weil wir so gerne möchten, dass die Menschen, die wir begleiten, ihr Leben noch nützen. Aber wenn jemand nichts will, können wir das nur akzeptieren, aushalten und mit ihnen gemeinsam tragen. Was für Wünsche werden am Lebensende formuliert? **Also, ein Herr hat sich gewünscht, dass er noch einmal in sein Gartenhäuschen an der Alten Donau kommt. Das war ziemlich schwierig, weil er fast nicht mehr mobilisierbar war. Und zu dem Häuschen konnte man nicht gut mit dem Rollstuhl hinfahren, weil das Gelände so abschüssig war. Aber es ist geglückt. Er war noch einmal dort.** Mich bewegen gerade die letzten Wünsche sehr. Sei es, um bewusst Abschied zu nehmen von etwas, das wichtig war. Oder sei es ein Stück Lebensfreude oder etwas scheinbar ganz Banales. Einmal war ich um Mitternacht im Hospiz und Josef Moser, ein Filmprotagonist, saß rauchend am Gang. Angeregt durch meinen Kurzhaarschnitt äußerte er den Wunsch nach einer neuen Frisur. Die Nachtdienstschwester notierte sofort einen Termin für ihn. Als ich Herrn Moser ein paar Tage später wieder sah, war er bereits tot. Sein Haar frisch geschnitten. Ich habe im Hospiz erkannt, dass es nicht auf die so genannten großen Dinge im Leben ankommt, sondern auf die kleinen. Beglückend, wenn ein Wunsch in Erfüllung geht. Und zwar rasch. Rechtzeitig. Wie zum Beispiel der Wunsch einer alten Dame nach einem bestimmten Lippenstift, den eine ehrenamtliche Mitarbeiterin noch am selben Tag besorgte oder der Wunsch, noch einmal die Beatles zu hören. Aber auch die „großen" Herzenswünsche wie Versöhnung mit einem Angehörigen oder Heiraten ein paar Tage vor dem Tod. Wenn jemand wie Ingrid seit vier Jahren im CS Hospiz Rennweg permanent mit unheilbar kranken und sterbenden Menschen zu tun hat, kann das nicht ohne Folgen bleiben. Von daher meine nächste Frage: Inwiefern haben deine beruflichen Erfahrungen deine Einstellung zum Leben verändert? **Mir ist einfach bewusster geworden, dass es jeden Menschen jederzeit treffen kann. Sprich, dass er stirbt. Dass er die Diagnose einer unheilbaren Erkrankung bekommen kann. Üblicherweise hat man immer die Idee: Alle anderen trifft es, aber mich nicht. Selbst ich habe das noch manches Mal, obwohl ich so viel mit dem Tod zu tun habe. Obwohl ich mich auch in meiner Meditationspraxis mit der Vergänglichkeit beschäftige.** Dir ist deine eigene Endlichkeit bewusster geworden, resümiere ich. Welche Konsequenzen hat das in Hinblick auf Dinge, die du tust oder unterlässt, und wie du das Leben empfindest? **Ich erlebe das Leben intensiver. Ich sage nicht mehr zu allem Ja, sondern ich versuche wirklich zu spüren, was mir jetzt wichtig ist und was mir gut tut. Ich kann mittlerweile viel besser bei mir bleiben und mich abgrenzen im Sinn von Nein-Sagen zu verschiedenen Angeboten. Ich nehme mir vielleicht lieber Zeit, mich zu entspannen oder etwas Gutes für mich zu tun. Oder ich sage auch einmal einen Termin ab, wenn ich das Gefühl habe, heute ist mir alles zu viel. Also, ich höre ein bisschen mehr auf mich.** Tust du irgendetwas, das du vorher nicht getan hast, außer dem, was du jetzt gerade erwähnt hast: Intensiver zu leben und mehr auf dich zu hören? **Ich versuche, Dinge, die nicht bereinigt sind, so schnell wie möglich zu klären und abzuschließen.** Das heißt, Konflikte nicht aufzuschieben, sondern wirklich auszusprechen und aufzulösen? **Ja, oder auch mich zurückzuziehen, wenn ich das Gefühl habe, dieser Kontakt tut mir jetzt nicht besonders gut.** Sprich, Freundschaften auch einschlafen zu lassen? **Ganz genau. Hätte ich früher kaum getan, weil es mir immer wichtig war,**

viele Menschen zu kennen. Aber gute Freundschaften zu pflegen geht eben nur mit wenigen Menschen und es braucht Zeit. Heute versuche ich, mich da mehr einzulassen. Ich gehe gerne weg, aber auch dabei schaue ich genauer, ob ich das jetzt wirklich machen will oder nicht. Auch die Beziehung zu meinen Eltern hat sich verändert. Ich bin sicher toleranter geworden, weil ich ja auch bei den Patienten versuche, sie sein zu lassen wie sie sind. Und ich habe nicht mehr so große Lust auf einen herkömmlichen Urlaub, sondern es muss irgendetwas Sinnvolles sein. Einmal im Jahr bin ich am Sinai und das ist auch nicht so richtig herkömmlich. Ich suche eher die Einsamkeit, die Wüste und die Ruhe, oder wenn ich in Meditationsretreats gehe, tanke ich auf. Das sind Kraftquellen, mit denen ich meine Energien wieder regenerieren kann. Und das brauche ich heute viel mehr als früher. Veränderungen, die ich auch kenne, zu einem Teil als Folge meiner Hospizerfahrungen. Die Frage, was sinnvoll und bedeutsam ist, stellt sich im Angesicht des Todes radikal neu. Hat es bei dir dazu geführt, dass du bewusster mit deiner Zeit umgehst? **Ja, genau.** Dass du bewusst auswählst, was dir wirklich wert ist, dafür deine Zeit zu verwenden? **So ist es.** Wir leben ja heute in einer Gesellschaft, in der das Haben mehr gilt als das Sein und der Konsumwahnsinn stärker denn je blüht. Geld, Leistung und Erfolg als die modernen Götter. Was hältst du dem entgegen – im Wissen um die Endlichkeit? Was ist für dich ein Wert? **Also, ich weiß, dass es nicht der materielle Wert ist, der zählt. Ich kann nichts mitnehmen in den Tod. Nichts, außer vielleicht die Erfahrungen, die ich während meines Lebens gemacht habe. Ich kaufe mir gerne etwas Schönes, habe kurz Freude damit, aber es ist sehr vergänglich. Eine Woche später denke ich mir meistens, wenn ich das jetzt nicht**

hätte, wäre es auch okay. Also, die materiellen Dinge sind es nicht. Auch nicht Ruhm und einen Namen oder Titel haben. Für mich muss es immer einen Sinn machen. Was unterstützt meine Arbeit, mein Verständnis oder meine Weltsicht? Und ich denke auch nicht viel an die Vergangenheit. Gedanken wie: Wäre ich doch, hätte ich das gemacht, dann wäre das… Ja, was macht's für einen Sinn? Gar keinen. Es bringt nichts, im Bedauern hängen zu bleiben. Hat dich die Erfahrung im Umgang mit sterbenden Menschen mehr in die Gegenwart gebracht? **Auf jeden Fall, beruflich wie privat. Vor eineinhalb Jahren war arbeitsmäßig viel Stress und ich habe mich ziemlich übernommen und wenig auf meine eigenen Bedürfnisse geschaut. Dann ist plötzlich mein Mittelfußknochen gebrochen, ohne irgendeinen ersichtlichen Grund. Und so war ich zweieinhalb Monate im Krankenstand. Ohne Gips, daheim ruhig gestellt sozusagen. Mir wurde ziemlich schnell klar, was das bedeutet. Dass ich einfach langsamer treten muss. Und seit damals gehe ich bewusst einfach langsamer.** Also, jetzt wirklich real? **Ja, dieses langsame Gehen ist wirklich wunderbar. Ganz bewusst im Moment sein beim Gehen hilft mir total.** Entschleunigen. Eine Voraussetzung, um im Hier und Jetzt zu landen. Seit ich nicht mehr so schnell unterwegs bin, lebe ich intensiver. Nur scheinbar eine Paradoxie. Was gehört für dich zur Lebensqualität, frage ich weiter. Ingrid denkt kurz nach. **Nichts verschieben auf später. Jetzt leben und das tun, was ich machen will und nicht sagen „in der Pension". Dann ist es oft zu spät.** Eine Maxime, nach der ich auch lebe. Nichts aufschieben. Zeit zu leben – jetzt. Träume und Wünsche sich erfüllen. Ich sehe darin die positive Seite des mittelalterlichen *Memento Mori, Mensch gedenke deines Todes*. Das Erinnern der Endlichkeit dieses Lebens als Chance.

Chance, der Stimme des Herzens zu folgen statt der Stimme der Vernunft. Nicht unglücklich im Gewohnten, auf sicherem Terrain zu verharren, sondern mutig Schritte ins Ungewisse zu wagen. Bei aller Angst vor Veränderung. Ich erlebe diesen Weg als einen Prozess, mich im Vertrauen zu üben. Der Gewinn: Intensität, Erfüllung, Freude. Die Begegnungen mit unheilbar kranken und sterbenden Menschen zählen für mich zu den intensivsten Erfahrungen meines Lebens. Verdichtete Zeit, maximale Emotionen. Der Begriff Intensität beschreibt für mich diese Erfahrungen am ehesten. Ich bin neugierig, ob das auch für Ingrid gilt. **Ja, ich glaube, Intensität ist schon ein ganz wichtiger Begriff, der bei mir auch mit Lebensfreude zu tun hat. Sich wirklich gut zu spüren. Sich selbst und andere in der Begegnung. Und Freude haben an vielem, wie jetzt im Frühjahr, wenn die Blätter sich öffnen, wenn es blüht und duftet. Das sind alles wunderbare Dinge, die mir ganz, ganz viel Freude machen. Das war früher nicht so. Na ja, ich habe es zwar gesehen…** Aber heute gehst du durch den Park und denkst dir, wie wundervoll. **Ja, genau so ist es.** Wie schön, dass ich lebe! Danke. So ungefähr? Ingrid nickt zustimmend und ich gerate ins Schwärmen. Ich kenne das gut. Es ist fantastisch. Wenn plötzlich ein kurzer Weg durch die Stadt, der eigentlich völlig unspektakulär ist, während des Betrachtens der blühenden Kastanienbäume zu einem Aussteigen aus dem Alltag führt. Plötzlich bin ich ergriffen beim Anblick eines Baums, einer Blüte, des Lichteinfalls und sehe alles wie zum ersten Mal. Momente starker Berührtheit, tiefen Glücks und großer Dankbarkeit. **Genau. Darum geht es, diese Momente und Gelegenheiten auch wahrzunehmen und zu nützen. Dann hast du ganz viele Erinnerungen im Alter. Also, wir warten oft auf die großen Ereignisse. Aber die sind es gar**

nicht, es sind die kleinen. Ingrid und ich beenden an dieser Stelle unser Gespräch. Sie will zum wöchentlichen Qi Gong-Kurs fahren und ich werde mich für den nächsten Klienten vorbereiten. Wenig später entdecke ich einen Anruf auf meiner Mobilbox: **Hallo Anita, da ist die Ingrid. Mir ist jetzt beim Herfahren noch etwas eingefallen, das mir zum Thema Lebensqualität und Lebensfreude sehr wichtig ist: Humor, über Dinge lachen zu können und vor allem über sich selbst lachen können und sich nicht immer so tierisch ernst zu nehmen. Okay, das hilft mir auch. Schönen Abend noch, ciao.** Ich schmunzle und nehme ein Stück Humor mit in die letzte psychotherapeutische Sitzung dieses Tages.

Freude

Samstag, 12. Juni 2010. Ein sonniger Frühsommertag. Der Ort: Die Urania-Terrasse mit Blick auf den Donaukanal. Ein gutes Jahr nach dem ersten Treffen zu dritt sitzen Astrid, Ingrid und ich wieder zusammen. Einen gemeinsamen Termin zu finden – zwischen Urlaub, Seminaren, Wochenend- und Bereitschaftsdiensten – war kein leichtes Unterfangen. Umso größer ist jetzt die Freude des Wiedersehens. Die zahlreichen Gespräche für dieses Buch haben unsere Beziehungen vertieft, das Gefühl der Verbundenheit verstärkt. Beziehungsfähigkeit ist etwas Charakteristisches für euch beide, stelle ich fest, privat wie beruflich. **Ja, absolut,** stimmt Astrid zu. **Als Palliativschwester entwickelst du eine starke Verbindung mit den Menschen, die du begleitest.** Wie hängen dabei Fühlen, Denken und Handeln zusammen, will ich wissen. Ingrid antwortet als erste: **Ich habe erfahren, dass ich gar nicht alles vom Kopf her wissen muss. Klar, wenn es eine Notsituation gibt, Atemnot zum Beispiel, weiß ich, wie ich handeln muss. Dafür habe ich ja die Ausbildung gemacht und gelernt, worauf es ankommt. Aber wenn ich nicht weiß, was ich tun soll, habe ich folgende Methode: Ich bleibe ganz bei mir, versuche, präsent zu sein und eine Verbindung freizugeben. Ich weiß, ich bin nicht allein. Ich kann um Hilfe bitten, die jetzt da sein möge, um mich zu unterstützen, dass ich das Richtige tue. Und das ist dann auch so. Es öffnet sich ein neuer Raum. Ich**

sage dann vielleicht etwas, das ich mir vorher nicht überlegt habe oder es fällt mir etwas ein, das sich später als passend und hilfreich herausstellt. Astrid stimmt zu und ergänzt: **Es ist wie ein Kanal, der sich öffnet. Wir sind meistens nur Kanal.** Ingrid pflichtet ihr bei: **Ja, genau, würde ich auch so sagen,** und Astrid führt ihren Gedanken weiter aus. **Ein Kanal mit ein bisschen Handwerkszeug. Und das ist das Wohltuende daran, sich so weit zurückzulehnen aus dieser Alltags-Astrid oder Alltags-Ingrid und offen zu sein für das, was jetzt passieren will.** Habt ihr eine Idee, wie ihr das gelernt habt, euch auf diese Art und Weise zu öffnen, damit sich das ereignen kann, was du, Astrid, Kanal nennst und du, Ingrid, Präsenz? Ist euch bewusst, wie ihr dazu gekommen seid? Und wie erreicht ihr heute diesen Zustand? Astrid beginnt zu erzählen: **Also, ich kenne das schon sehr lang und es hat auch mit meiner Sehnsucht nach Beziehung zu tun. Viel davon wurde bewusst differenziert durch die zehnjährige Psychiatriearbeit mit Menschen in seelischen Ausnahmesituationen, ausgelöst durch Traumata, Misshandlungen, sexuelle Gewalt und anderes. Damals war es für mich ganz, ganz wichtig, zu lernen, mich von anderen zu unterscheiden, um für sie da zu sein. Ich kann mich an eine Patientin erinnern, Mitte 50, die ich ein halbes Jahr begleitet habe, und die mich wirklich zur Verzweiflung gebracht hat. Sie hat mit allen Methoden versucht, dass ich mich fehlverhalte. Es war wie eine Aufforderung: „Schlag mich!**

Mach mich zur Sau! Dann kann ich dir zeigen, dass du auch ein schlechter Mensch bist!" Ingrids Miene zeigt, dass sie Ähnliches kennt. **Und irgendwann saß ich ihr gegenüber und habe gesagt: „Wieso glauben Sie eigentlich, ich müsste Sie missbrauchen? Ich untersuche mich von oben bis unten und finde überhaupt keinen Grund in mir, Sie zu missbrauchen." Dann hat sie mich angeschaut und gesagt: „Da haben Sie Recht. Sie haben ja gar nichts damit zu tun, was bei mir da läuft." Und dadurch ist diese Unterscheidung gekommen und ich war ihr urdankbar. Sie hat mir zum Abschied einen Pyrit-Würfel geschenkt, den ich bis heute behalten habe. Eine wirklich arme Frau, die es sich geleistet hat, mir dieses Steinderl zu schenken. Den Stein der Weisen.** Ingrid und ich lachen. **Das war die Geburtsstunde, seit der ich mir zutraue, mich so zu öffnen. Weil ich erkannt habe: Ich bin.** Also, für dich, Astrid, war der Anfang, dich für andere ganz öffnen zu können, das „Ich bin"? Ich bin unterschieden von den anderen? **Ja!** Und ich bleibe in der Unterscheidung. **Ja! Und ich werde keinem Menschen wehtun, weil ich kein schlechter Mensch bin.** Ich bleibe liebevoll zugewandt, wären jetzt meine Worte dafür. **Ja, das ist mein Standort. Dadurch kann ich gut beim anderen sein.** Gab es für dich, Ingrid, etwas Vergleichbares, auch ein Schlüsselerlebnis? **Für mich war es eher die Auseinandersetzung mit mir selbst. Also, wer bin ich, wo stehe ich? Ich bin wahrscheinlich viel auf Reisen gegangen, weil ich nach mir selbst gesucht**

habe. Ingrid lacht über sich selbst und Astrid stimmt ein. **Ich habe im Außen gesucht, um festzustellen, außen finde ich gar nichts. Aber dann bin ich dem Buddhismus begegnet und habe so diesen Zugang zu mir selbst gefunden. Ich habe über die Arbeit mit Achtsamkeit und Bewusstheit erkannt: Wir sind alle unterschiedlich. Wichtig war auch ein Seminar bei Christine Longaker, einer amerikanischen Buddhistin.** Von ihr stammt doch das Buch über die spirituelle Begleitung Sterbender, werfe ich ein. „Dem Tod begegnen und Hoffnung finden" lautet der Titel. **Genau! Ich habe mehrere Seminare bei ihr besucht und das erste bereits Mitte der 1980er-Jahre. Da gab es dieses Buch noch lange nicht. Ihr Ehemann war krebskrank und sie ist so als Angehörige eines Betroffenen zur Hospizarbeit gekommen. Sie hat aus dem Buddhismus heraus verschiedene Methoden für die Kommunikation entwickelt. In dem Seminar haben wir auch viele Mitgefühls-Übungen gemacht, bei denen wirklich mein Herz aufgegangen ist. Ich habe erlebt, dass sich mein Herz geöffnet hat. Und das Schöne dabei ist, dass sich die Trennung zwischen Ich und Du dann auflöst für den Zeitraum dieser Begegnung. Für mich ist das wahres Mitgefühl. Bis dahin habe ich geglaubt: Bei der Arbeit muss ich eine gute Distanz haben und mich schützen. Im Seminar habe ich erkannt: Nur wenn ich aufmache, kann ich jemanden wirklich spüren und hereinlassen.** Astrid: **Interessant, das habe ich in der Psychiatrie gelernt.** Meinst du dieses Herz-Öffnen, frage ich Astrid. **Ja. Menschen brauchen viel Liebe.** Ingrid: **Im Mahayana-Buddhismus spielt das Arbeiten mit Liebe und Mitgefühl eine zentrale Rolle.** Astrid nickt und setzt fort: **In der Psychiatrie gilt: Du bist so wie du bist. Du bist verletzt worden**

und jetzt bist du hier. Und ich nehme dich so an, wie du bist. Ich ändere nichts an dir. Das heißt aber auch, dass ich den Schmerz des anderen zulasse, auch seine Revolte dagegen, und im Mitgefühl bleibe. Und zugleich die Grenze zeige: „Jetzt, hör mal, das ist Deines. Du kommst nicht zu mir rüber und haust mich." – Ja, klar. – **Was du, Ingrid, im Kloster gelernt hast, habe ich in der Psychiatrie erfahren.** Ja, und mit der Energiearbeit, erläutert Ingrid. Dabei habe ich es konkret üben können. Reiki war so eine Ausbildung, die ich nie machen wollte, aber irgendwann habe ich es doch getan. Und das Gute dabei war, dass ich dieses Kanal-Sein wirklich gelernt habe. Nicht: Ich tue etwas, sondern ich bin einfach nur Werkzeug. Indem ich mich in den Dienst des anderen stelle, übe ich Demut. Astrid: **Das habe ich durch die Heileurythmie bei den Anthroposophen gelernt. Bei dieser Bewegungstherapie gehst du in die Seelengebärden, in die Lautgebärden und wirst Kanal für einen Laut.** Ja, das ist schön! Es ist eine wunderbare Sache. Dieses Kanal-Sein ist herrlich, schwärmt Ingrid, weil du ... – **Ja, weil du so schön strömst,** ergänzt Astrid. Ihr Tonfall klingt begeistert. Der von Ingrid ebenso: Ja, es strömt und ist nie ermüdend. Du verlierst nichts von deiner Energie, sondern erlebst dich als durchströmt und fühlst dich nach so einer Erfahrung selbst auch erholt. **Ja, total!**

Ich bin fasziniert, wohin sich unser Gespräch innerhalb kürzester Zeit entwickelt hat. Zu einem Austausch über höchst persönliche Erfahrungen, die ich mit nur wenigen Menschen zu teilen vermag. Mein eigener Weg hin zur Öffnung, zur Erfahrung des Kanal-Seins und der Präsenz weist sowohl Ähnlichkeiten mit Astrid und Ingrid als auch Unterschiedlichkeiten auf. Die Freude über das Erlebnis der Leichtigkeit, im Fluss zu sein und sich tragen zu lassen, scheint dieselbe zu sein. Das Verblüffende und Schöne: Wenn ich mich öffne und mich wie ein Kanal der Energie, oder wie immer ich diesen Fluss des Lebens, der Liebe jetzt nenne, zur Verfügung stelle, dann fließt mir unendlich viel Kraft, Liebe und Weisheit zu. Zugleich verausgabe ich mich nicht, strenge mich nicht an, sondern es geschieht. Das immer wieder von neuem erstaunliche Ergebnis: Ich fühle mich getragen und gestärkt nach solchen Erfahrungen. Beglückt und dankbar. Entscheidende Stationen meines Lernwegs: Erste Entdeckung dessen, was ich am ehesten mit Intuition bezeichnen würde, während meines Studiums in Gesprächen mit nahen FreundInnen. Regelmäßige Erfahrung dessen, was ich vorsichtig Inspiration nenne, während meiner Fernseh- und Filmzeit. Schulung und Anleitung bei Seminaren in systemisch-spiritueller Psychotherapie durch die bereits erwähnten Lehrtherapeuten Siegfried Essen und Aron Saltiel, das heißt bewusstes Lernen und Üben sowie Differenzieren von Intuition und Inspiration. Praxis und Vertiefung seit meiner Psychotherapieausbildung, von Praktika im Hospiz und in der Psychiatrie angefangen bis hin zur kontinuierlichen Tätigkeit als Therapeutin in freier Praxis. In der klassischen Ausbildung jedoch wurde nichts dergleichen gelehrt. Bis heute erscheinen mir diese Erfahrungen auch schwer kommunizierbar. Bildet doch Spiritualität im weitesten Sinne den Schlüssel für ein Sich-Öffnen und gilt dieser Bereich nach wie vor weitgehend als Tabu – zumindest außerhalb des Feldes dessen, was oft unscharf als Esoterik bezeichnet wird. Im wissenschaftlichen Diskurs, der wesentlich das Bild der Professionalität prägt, spielen spirituelle Erfahrungen nur eine marginale Rolle. Bis dato zumindest. Was jedoch alle TherapeutInnen betonen, die Spiritualität als Ressource für ihre Arbeit betrachten, ist die Bedeutung des Danks. Etwas, das ich regelmäßig tue – danken, sage ich zu Astrid und Ingrid gewandt. **Ja, genau. Das gehört auf jeden Fall dazu,** betont Ingrid und Astrid bekräftigt: **Ja, unbedingt.** Ich bitte auch, erwähne ich. In der Früh, bevor die KlientInnen kommen und manchmal während einer Sitzung. Wenn ich spüre, ich bin nicht im Fluss oder es fließt nicht und ist nicht leicht – dann bitte ich, dass mir ein Einfall kommen möge. **Und das passiert dann auch,** bestätigt Ingrid. Ermutigt durch dieses unmittelbare Verständnis, setze ich meine Schilderung fort. Ich habe gelernt, dass es wichtig ist zu vertrauen und sich überraschen zu lassen. Denn manchmal fällt mir scheinbar Verrücktes ein. Metaphern, Begriffe oder Interventionen, auf die ich sonst nicht gekommen wäre. Zugleich kenne ich dieses Phänomen auch aus der künstlerischen Tätigkeit, von Filmideen bis hin zum Drehbuchschreiben. In früheren Zeiten wurde es Inspiration genannt. **Ein kreativer Funke,** so Ingrid. **Aber ich denke, diese Fähigkeit wohnt uns allen inne. Nur ist sie zumeist verschüttet, weil sie nie thematisiert oder gefördert wurde. Und in unserer Ausbildung schon gar nicht. Im Gegenteil. Wenn du etwas nicht mit einer Studie belegen oder wissenschaftlich abhandeln kannst, dann musst du es sowieso vergessen. Aber, dass wir dieser Fähigkeit vertrauen, ist eine Art Emanzipationsprozess.** **Ja, das ist auch Teil des Pflegeberufs,** unterstreicht Astrid. **Also, Pflegen ist eine der sozialen Künste, wenn nicht überhaupt die**

wichtigste. Aber sie gilt in unserer Gesellschaft als uninteressant, weil das Pflegen generell nicht wahrgenommen wird, dabei ist es auf so vielen Ebenen anwesend. Du pflegst Beziehungen, deine Gegenstände, mit denen du dich umgibst und dich selbst. Und am deutlichsten ist es im Pflegeberuf. Aber es wird nicht wirklich Pflege unterrichtet. Ingrid pflichtet ihr bei und ich frage Astrid, was für sie pflegen bedeute. **Pflegen heißt, sich auf einen Prozess einzulassen, bei dem der Ausgang so etwas wie Heilung oder Heilwerden ist, aber nicht Funktionalität. Nicht das, was die WHO als Gesundheit bezeichnet. Sondern es ist ein Prozess, bei dem du dich mit einem Menschen in einen Fluss begibst. Wenn jemand körperlich geschwächt ist, bist du seine Hände, die ihn waschen. Du ersetzt seine Hände. Wenn er Probleme mit dem Gedächtnis hat, dann bist du sein Gedächtnis. Also, die Kunst des Pflegens bedeutet, an den Ort des anderen zu gehen, um ihn da abzuholen und den Weg des anderen ein Stück weit mit ihm zu gehen. Du bringst im wahrsten Sinne des Wortes jemanden mit dem Rollstuhl an den Ort, wo er hin möchte. Du bist seine Füße. Und das betrifft nicht nur das Physische, jemanden abzuholen und dorthin zu begleiten, wo er das Bedürfnis hat hinzukommen. „Was braucht er, was will sie, wo will er hin?" Das ist Pflegen. Unterrichtet wird aber die Tätigkeit am**

anderen. Ingrid: **Vor allem auch immer diese Betonung des Tuns. Das Tun lenkt von allem anderen ab.** Die Techniken, werfe ich ein. **Ja. Und man beginnt dann zu aktivieren oder zu beruhigen.** Astrid: **Aber echte Pflege heißt, das zu tun, was der Sache oder der Persönlichkeit gemäß ist. Und das ist das Schöne daran.** Eine Parallele zur Psychotherapie, stelle ich fest. Dass wir selbst Werkzeug in der Begegnung sind. Ich bin immer Teil des heilsamen Prozesses. Sprich, es zählt nicht nur die Technik. **So ist es,** bestätigt Astrid. **Aber, das heißt doch dem anderen zu vertrauen! Ja, genau. Aber die Technik ist nicht unwichtig,** betont Ingrid. **Du hast ja damit ein Werkzeug, aus dem du wählen und schöpfen kannst. Aber eigentlich...** Astrid fällt Ingrid ins Wort. **Du bietest als Option an, was jetzt konkret davon passen könnte. „Was ist dir von Bedeutung, wo willst du hin? Schau, ich kann dir das oder das anbieten und wir können ausprobieren, ob es zu dir passt." Das ist die Aufgabe. Unterrichtet wird etwas anderes.** Ich mutmaße laut, dass nicht Begegnung unterrichtet werde und auch nicht, dass in der Begegnung der Prozess geschehe. Sondern ein Blickwinkel, so als ob es ausschließlich um den Hilfsbedürftigen ginge. Ingrid bestätigt meine Vermutung: **Genau.** Astrid: **Weißt du, da findet sich meine Sehnsucht zur Hingabe an den anderen. Weil ich dem anderen vertraue, dass er Meister seines Lebens ist. Und unterrichtet wird, dass der Kranke schwächer ist als ich. Aber Freude kommt nur auf, wenn ich dem anderen vertraue, wenn ich mich ihm hingebe. Und wenn er sterbend ist und**

wenn er trauert und wenn er biestig ist und mir seinen Scheißkram um die Ohren haut. Ihm klar zu machen, ich bin jetzt wegen dir da. Ja, und es tut auch mir gut. Freude kommt nur dann auf, wenn Hingabe erfolgt, resümiere ich Astrids Aussage, die sie bestätigt. **Ja!** Und zu Ingrid gewandt: Das würdest du wahrscheinlich auch unterschreiben? **Ja, ja!** Ja, ich auch. Wir lachen wieder einmal gemeinsam und beenden damit unser letztes Arbeitsgespräch für dieses Buch.

Stern

Deine Stirn an meiner
Brennender Stern
Hoffnungszeichen
Für den Neubeginn

Welchen Weg
Weist uns der Himmel
Dir und mir

Aufbruch
Lautet sein Ruf
Verheißung
Sein Strahlen
Inspiration
Seine Stärkung

Die Antwort
Täglich neu zu geben
Mut und Vertrauen
Stündlich sich zu orientieren
Am Licht

BILDNACHWEIS

Andreas Hechenberger, Salzburg: 140
Anita Hofmann, Salzburg: 22, 64, 100, 184
Andrei Meria, Wien, 30, 72, 194
Anita Natmeßnig, Wien: 6, 38
Lisi Specht, Wien: 16
Felix Wirth, Düsseldorf: 152
Christian Zvitkovits, Wien: 112

IMPRESSUM

ISBN 978-3-222-13307-7

Lektorat: Helga Zoglmann
Umschlag- und Buchgestaltung:
Bruno Wegscheider

Reproduktion: Pixelstorm, Wien
Druck und Bindung:
Grafica Veneta SpA, Trebaseleghe